SER JEFE:

MUCHO MÁS QUE MANDAR

Francisco Soberón Valdés

ISBN-13: 978-1985847934
ISBN-10: 1985847930

Primera edición

Todos los derechos reservados. Esta publicación no puede ser reproducida, ni en todo ni en parte, ni registrada en o trasmitida por un sistema de recuperación de información, en ningún forma ni por ningún medio, sea mecánico, fotoquímico, electrónico, magnético, electroóptico, por fotocopia, o cualquier otro, sin el permiso previo por escrito de la editorial.

Copyright © 2018 by Keystone Investments

Índice

Introducción 5

1. Mandar o ser jefe: he ahí la cuestión 9
2. Los subordinados: ¿docilidad o talento? 17
3. Los superiores: ¿qué espera usted de mí? 29
4. Los colegas: cooperación y cortesía 35
5. Respeto o miedo: ¿cuál debe reinar? 39
6. El cambio: todo nace, evoluciona y caduca 43
7. Las crisis: olvidarse de lo normal 51
8. La filosofía: invisible pero clara 59
9. La negociación: cuando razonable es mejor que perfecto 63
10. La decisión: ¿consejos o instintos? 75
11. Bien informado: no es igual a muy informado 85
12. Con su tiempo: tacaño 93
13. Evaluación si: ritual no 103
14. Alabanza: que no adulación 111
15. La crítica: hazla pero escucha 115
16. Ante los problemas: se hace camino al andar 121
17. La disciplina: se predica y se impone 127
18. Las finanzas: 10 "mandamientos" 131
19. Las comunicaciones: nuevas tecnologías, viejos principios ... 137
20. El éxito y el fracaso: dos grandes impostores 143

Introducción

Durante las casi cinco décadas que desempeñé funciones de dirección en las actividades comercial-marítima internacional y financiera, tuve la oportunidad de dirigir colectivos integrados por personas de las más diversas nacionalidades y culturas, incluyendo latinoamericanos, indios, paquistaníes, holandeses, franceses, españoles, ingleses, etc.; pude compartir en los órganos de gobierno de empresas mixtas con ejecutivos de nacionalidades diversas tales como japoneses, costarricenses, venezolanos, mejicanos, españoles, italianos, noruegos, griegos, holandeses, canadienses, curazoleños, etc. y mantener relaciones de negocios con entidades de alrededor de 50 países de Europa, Asia, África y América. El trabajo realizado durante esta etapa me permitió acumular experiencias muy interesantes y sobre todo constatar que a pesar de las diferencias entre culturas y nacionalidades, existen ciertos principios generales que un jefe debe observar para alcanzar el éxito en las complejas tareas de dirección.

En el año 2000 incluí un capítulo sobre este tema en mi libro *Finanzas, banca y dirección*. Posteriormente, este capítulo fue traducido al inglés y publicado en forma de folleto bajo el título *Management Issues*. Persuadido de que este es un asunto que sigue siendo de gran interés para un amplio espectro de lectores, ahora he querido abordarlo con más detalle y profundidad en el presente libro, siempre sobre la base de mis experiencias personales según lo indicado.

El libro consta de 20 capítulos, que tratan sobre los aspectos que he considerado de mayor interés. He tratado de utilizar un lenguaje directo y sintético, teniendo en cuenta que el lector al cual va dirigido por lo general dispone de poco tiempo y desea que las ideas que se exponen estén elaboradas de manera sucinta y lleven un mensaje claro y preciso. Siguiendo este razonamiento, he preferido que cada capítulo se refiera a un tema muy concreto y el contenido de estos puede resumirse como sigue:

- *Las características particulares del ejercicio de las actividades de jefe*
- *Los factores determinantes en nuestras relaciones con nuestros superiores, subordinados y colegas*
- *La importancia de promover, encauzar y administrar el cambio*
- *Las formas más adecuadas de enfrentar las crisis*
- *La necesidad de desarrollar una filosofía en la esfera en que realizamos nuestras funciones de dirección*
- *Los elementos que se deben tener presentes al realizar una negociación*
- *El intrincado mundo del proceso de toma de decisiones*
- *La importancia de la información precisa y en la magnitud adecuada*
- *La imperiosa necesidad de hacer un buen uso del tiempo*
- *Las complejidades asociadas a la evaluación de nuestros subordinados*
- *Los aspectos positivos de la alabanza y su gran diferencia con respecto a la peligrosa adulación*
- *El delicado arte de ejercer la crítica*
- *La acción decidida como la mejor forma de enfrentar y hacer desaparecer un problema*
- *Las razones por la cuales la disciplina es siempre un elemento vital*

- *Algunos principios a observar en el manejo de las finanzas*
- *Ciertas consideraciones en cuanto a cómo conducir nuestras comunicaciones con todos aquellos con quienes nos debemos relacionar para ejecutar nuestro trabajo.*
- *Los espejismos y realidades que debemos afrontar ante el éxito y el fracaso*

Sé muy bien que estos son temas sobre los cuales existen numerosas obras de especialistas muy calificados, que constituyen referencias de gran valor para todos aquellos interesados en esta materia. Si he querido publicar esta obra es precisamente para aportar a este acervo de conocimientos, mis puntos de vistas personales, los cuales, como ya he indicado, están basados en las vivencias de mis relaciones de negocios de casi cinco décadas con personas muy disímiles, cuya inteligencia, profesionalidad y valores humanos significaron para mí la posibilidad de un valioso aprendizaje, que no solo me ha sido muy útil en la vida, sino que también disfruté muchísimo. Igualmente, espero y deseo que esta sea la conclusión de los lectores de este libro.

Francisco Soberón Valdés

1. Mandar o ser jefe: he ahí la cuestión

En la literatura que trata sobre temas de dirección, se menciona siempre la diferencia que existe entre un jefe, que es aquel con el poder de dar órdenes que tienen que ser acatadas, y un líder, que es aquel que logra hacerse seguir con entusiasmo y deseos de servir del colectivo que dirige, como resultado de sus capacidades profesionales y valores humanos. Al primero solo le basta tener una autoridad delegada para comenzar a mandar y para esto no requiere de grandes dotes. El segundo tiene que tener y desarrollar incesantemente capacidades que demandan inteligencia y voluntad, y saber pulir sus virtudes con natural y sincera vocación.

En el presente trabajo, he asumido que solamente puede ser un buen jefe quien logre convertirse en líder y, por tanto, cuando expreso mis criterios y mis experiencias en cuanto a cómo debe ser y actuar un jefe, siempre me estoy refiriendo a un jefe verdadero en la expresión más completa de esta condición, o sea, a un líder. Pudiera agregar que las tareas, problemas y retos a que la vida enfrenta a un jefe son de tal complejidad y diversidad, que nadie nunca puede sentirse que está *"graduado"* como jefe. Debe ser por eso que no hay ningún título que certifique que se han culminado estudios para ser un *"jefe integral"* o que se ha alcanzado el grado de *"doctor en jefatura"* o *"jefe exitoso"*.

Son muchas y muy diversas las cualidades que debe desarrollar un jefe para desenvolverse con éxito en la esfera en que desempeña sus funciones, pero cualquiera que esta sea, tiene que ser capaz, entre otros aspectos, de comunicarse de manera fluida con sus superiores, colegas y subordinados y desarrollar una relación fructífera y constructiva con estos; promover, encauzar y administrar el cambio; tener la sabiduría y entereza de carácter para salir airoso de las crisis; desarrollar una filosofía coherente en el ámbito en que realiza sus funciones; dominar los elementos imprescindibles para poder realizar una negociación exitosa; saber moverse con naturalidad en el intrincado mundo del proceso de toma de decisiones; entender la importancia de la información y conocer cómo obtener "la dosis exacta" de esta; comprender la imperiosa necesidad de hacer un buen uso del tiempo; no dejarse confundir por las complejidades asociadas a la evaluación de sus subordinados; lograr el necesario equilibrio entre crítica y alabanza; tener claridad en cuanto a las razones por las cuales la disciplina es siempre un elemento vital; observar determinados principios básicos en el manejo de las finanzas; conducir de manera apropiada sus comunicaciones con todos aquellos con quienes deba relacionarse en su trabajo, y distinguir los espejismos y realidades a que nos enfrentan el éxito y el fracaso.

Pero, además, debe desplegar todas estas capacidades no como alguien que asume una condena que le ha sido impuesta por una fuerza externa, sino con un sentimiento de sincero placer. En otras palabras, tiene que sentirse bien siendo jefe. Tiene que disfrutar del ejercicio de esta difícil profesión. Tiene que encontrar perenne estímulo en el simple hecho de lograr que las cosas se hagan bien. Pudiera aducirse que esto es común a cualquier otro oficio. Sin embargo, pienso que en el caso del jefe se convierte en algo esencial. No puedo imaginarme ninguna otra recompensa material o moral que pudiese servir de balance a los riesgos, conflictos e incomprensiones que un jefe debe encarar como parte de su trabajo. Nietzsche afirmaba que mandar es más difícil que obedecer porque el que manda lleva el peso de todos los que obedecen, y ese peso fácilmente lo aplasta (1). Nunca he sido partidario de esas comparaciones absolutas, pero comparto la idea de que quien manda lleva sobre sus hombros la responsabilidad de todos aquellos sobre los que ejerce el mando, y esto tiende a generar una presión extraordinaria y muchas veces difícil de asimilar y manejar de manera adecuada.

Ahora bien, hay algo aún más complicado: no es sólo que le tiene que gustar ser jefe, tiene además, que no sentir temor a dejar de serlo. Nada conspira tanto contra la eficiencia, que un jefe cuyo objetivo no sea hacer las cosas que hay que hacer, sino mantener su cargo a cualquier precio.

Para que alguien encuentre placer en la realización de funciones de jefatura, debe sentirse bien asumiendo riesgos, y en ocasiones estos pueden ser de tal magnitud que impliquen incluso la posibilidad de una eventual pérdida de tal posición. Tengamos en cuenta que una de las cosas que más frecuentemente hace un jefe es decidir, y cuando se decide, siempre se asumen riesgos. Siempre se está escogiendo una línea de acción respecto a algo que va a pasar, cuyas consecuencias, con relación al resto de las posibles alternativas no son 100% seguras. Si hay una sola posibilidad, entonces no se está decidiendo. Se está aceptando lo que la vida nos ha dictado. Decidir significa escoger entre más de un posible curso de acción y afrontar las consecuencias de la selección. Quien tenga aversión por el riesgo, o simplemente no se sienta bien aceptándolo, sufrirá profundamente ejerciendo funciones de dirección y es difícil pensar que podrá realizarlas con eficiencia. No se hace bien algo que acometemos con miedo o disgusto.

Ser jefe implica tutearse a diario con el conflicto. El conflicto es algo tan común a la función de jefe, como estar inmerso en agua lo puede ser a la función de un buzo. Recordemos que cuando un problema tiene fácil solución, es muy poco probable que un jefe conozca de su existencia, pues sus subordinados lo resolverán por el camino. Sin embargo, cuando se produce una situación desgraciada y de difícil salida, cuando se está en el punto más recio del combate, cuando parece incierto el resultado de una contienda, cuando hay antagonismo, pugna y contradicción en cuanto a cómo enfocar un tema, sin dudas el jefe tendrá que intervenir y definir un curso de acción. Todas estas situaciones que no son otra cosa que definiciones de la palabra conflicto, se dan en la vida con mucha más frecuencia de lo que quisiéramos. ¿Cómo es entonces posible que a quien le corresponde desenvolverse en ese medio, pueda sentirse presionado o disgustado? Si alguien no se siente bien inmerso en el agua, nunca debería aspirar a ser buzo. Si alguien no quiere estar constantemente en medio de situaciones de conflicto, nunca debería aspirar a jefe.

En cuanto a las incomprensiones, pudiéramos decir que son una consecuencia lógica de ejecutar, de hacer cosas. Ni el más perfecto y sabio de los seres humanos logrará jamás hacer algo en lo que todos los que tengan que ver con lo que se hizo estén de acuerdo. La diversidad de criterios del ser humano es algo tan universal como las diferencias en sus caracteres físicos. La aspiración final de un jefe nunca puede ser que todos estén de acuerdo con lo que está haciendo. Ese camino nos conduciría a no hacer nada, sin lograr tampoco el propósito de complacer a todos, pues seguramente no todos van a estar de acuerdo con que no hagamos nada. Más bien es muy posible que en tales circunstancias sólo obtengamos el disgusto de todos. El fin, el objetivo es hacer las cosas que hay que hacer, lo razonable, lo que debe hacerse, lo que convenga a los intereses que representa. Y su función educadora lo debe llevar a tratar de explicar constantemente y con la mayor lucidez el porqué de su actuación, los argumentos que aconsejan tomar el curso de acción decidida, y no otro; pero consciente siempre que habrá un número de incomprensiones sobre su ejecución que deberá enfrentar con la naturalidad que un marino enfrenta una ola no deseada, sin lamentarse de su suerte, sobrecogerse por la sorpresa o permitir que ésta la desvíe de su rumbo.

Para ser jefe se requiere una firme determinación de no permitir que la vida nos guíe caprichosamente como se lleva a un buey por el narigón, sino de influir en los acontecimientos y tratar de encauzarlos en una dirección determinada. Parafraseando a John Maynard Keynes, no se puede nunca permitir que la palabra sea inútil, insignificante, inefectiva y disociada de los hechos, ni que los eventos marchen por si mismos hacía sus consecuencias fatales (2). Se debe tener desarrollada la noción de que la ventaja más grande del ser humano respecto a los demás integrantes del reino animal es su capacidad de representarse en su mente un propósito y definir las acciones que debe tomar para llegar a materializarlo. Estar convencido de que *un problema no se presenta más que cuando las condiciones materiales para resolverlo existen o se encuentran en estado de existir* (3) y por lo tanto, la solución de los problemas depende de nuestra capacidad e inteligencia para identificar y desatar esas condiciones materiales.

Tomar conciencia de un problema, identificarlo, conocer su magnitud y alcance, es ya en sí una primera muestra de capacidad para hacerle frente y resolverlo. Los jefes verdaderos actúan seguidos por ese concepto, sin que necesariamente se hayan detenido a razonarlo.

Para ser un jefe verdadero es imprescindible conocerse a sí mismo que, como dijo Don Quijote a Sancho al darle sus consejos antes que este asumiese el gobierno de la ínsula de Barataria *"es el más difícil conocimiento que pueda imaginarse"* (4).

Y por último, debemos siempre enfatizar que a todo jefe le es inherente la obligación de educar a quiénes llevan en sí la clave de su éxito: nuestros subordinados. Si se hiciera un análisis de las capacidades, madurez, eficiencia y conocimientos de los integrantes de un colectivo determinado, y cinco años después se repitiera el análisis y no hubiese progresos notables, no es al colectivo a quien hay que descalificar; es al jefe. Ha incumplido su función educadora que tanto a nivel individual como en el plano social, es uno de las mayores obligaciones que se asume cuando se acepta un cargo de dirección. Además, es muy difícil pensar que las cosas estén funcionando correctamente en ese lugar. El mundo está en constante evolución a nuestro alrededor y permanecer estáticos, especialmente en un aspecto tan importante como la formación de nuestros subordinados, es una manera ineludible de retroceder. Tomando como base la frase de José de la Luz y Caballero *"Enseñar puede cualquiera, educar sólo quien sea un evangelio vivo"*, se pudiera afirmar *"Mandar puede cualquiera, ser jefe sólo quien sepa educar"*.

Notas

1) *"Pero en todo lugar en que encontré seres vivientes oí hablar también de obediencia. Todo ser viviente es un ser obediente.*

Y esto es lo segundo: Se le dan órdenes al que no sabe obedecerse a sí mismo. Así es la índole de los vivientes.

Pero esto es lo tercero que oí: que mandar es más difícil que obedecer. Y no sólo porque el que manda lleva el peso de todos los que obedecen, y ese peso fácilmente lo aplasta.

Un ensayo y un riesgo advertí en todo mandar; y siempre que el ser vivo manda se arriesga a sí mismo al hacerlo". (Friedrich Nietzsche: *Así habló Zaratustra*)

2) Ver: John Maynard Keynes: *Essays in Persuasion*, Harcourt, Brace and Company, New York, 1932, pp 5-6.

3) *"Por eso la humanidad no se propone nunca más que los problemas que puede resolver, pues, mirando de más cerca, se verá siempre que el problema mismo no se presenta más que cuando las condiciones materiales para resolverlo existen o se encuentran en estado de existir"* (Carlos Marx: *Contribución a la Crítica de la Economía Política*, Editorial Pueblo y Educación, 1973, p 13).

4) *"Has de poner los ojos en quien eres, procurando conocerte a ti mismo, que es el más difícil conocimiento que pueda imaginarse. Del conocerte saldrá el no hincharte como la rana que quiso igualarse con el buey"* (Miguel de Cervantes: *El ingenioso hidalgo Don Quijote de la Mancha*, Instituto Cubano del libro, 1972, p 653).

2. Los subordinados: ¿docilidad o talento?

Ser jefe tiene una contrapartida obligada: tener subordinados. Sin ellos, no se existe como jefe. Pero no es sólo que tengamos que tenerlos. Es que son quienes realmente determinan nuestro éxito o nuestro fracaso.

El carácter de jefe excluye la práctica de hacer las cosas por uno mismo. Un jefe alcanza sus metas a través de sus subordinados. Si esto no fuera así no hubiera total consenso, como lo hay, en cuanto a que la función de dirección es una actividad humana en sí, distinta a las demás y que en esencia consiste en planificar, organizar, mandar y controlar el trabajo de un colectivo para lograr un objetivo predeterminado (1).

En cierta ocasión leí un artículo en la revista *The Economist* sobre empresas multinacionales, en el que se expresa un punto de vista que suscribo en todo su alcance. Se dice que en el pasado las multinacionales consideraban que su mayor recurso era el capital y su capacidad para asignarlo de la manera más productiva posible. En la actualidad, se abre paso cada día más la noción de que su recurso más valioso es el conocimiento, y que la tarea principal de la dirección es asegurarse de que ese conocimiento sea generado y utilizado de la forma más amplia y eficaz que se pueda. Agregaría que esto es sólo posible si se cuenta con subordinados preparados para ser los portadores de ese conocimiento y enriquecerlo incesantemente. Entonces, si nuestros subordinados son tan importantes, será siempre poco el tiempo que dediquemos a su selección, educación, atención y guía.

En cuanto a la selección hay una primera pregunta que debemos hacernos: ¿Qué tipo de subordinados queremos tener? La respuesta a esta pregunta determinará las acciones que debemos tomar para escogerlos.

Si queremos subordinados que nos den pocos dolores de cabeza, que sean dóciles, que no discrepen, que siempre nos apoyen, que sean defensores incondicionales de nuestros criterios, debemos basar nuestra selección en consideraciones de amistad, de relaciones personales, de afinidad de caracteres y, por supuesto, elegir siempre personas de poco talento y, en cualquier caso, de probado menor talento que el nuestro. Con esto garantizaremos un ejercicio bucólico de nuestra actividad de jefe, un ambiente apacible y lleno de alabanzas y elogios a nuestra gestión. Lo que muy difícilmente lograremos es tener una organización eficiente, capaz de ejecutar proyectos significativos que nos hagan sentir realmente realizados. Y no creo que en lo más íntimo de sí mismo nadie pueda sentirse realizado simplemente por tener un grupo de **incondicionales** que lo ensalcen y lo endiosen.

Si por el contrario, queremos subordinados que sean capaces de acompañarnos en la durísima tarea de hacer eficientemente cosas nuevas, importantes y difíciles, entonces debemos basar la selección en su talento, su voluntad, su honestidad, su energía y su disposición para poner todas estas cualidades en función de un objetivo común y luchar sin tregua hasta alcanzarlo. Rodearnos de subordinados con estas características tiene además la gran ventaja de que atrae a otras personas con talento, pues como afirma Bill Gates, *a la gente con talento le gusta trabajar con quienes lo tienen, y esto crea una espiral positiva continua muy necesaria para alcanzar el éxito en nuestros propósitos* (2). Ahora bien, debemos estar preparados para una relación con ellos difícil, compleja y que necesariamente ha de tomarnos tiempo y ha de causarnos sinsabores. Los subordinados enérgicos y con talento son por lo general difíciles de controlar. Tienden a querer hacer las cosas como ellos creen que deban ser. En ocasiones son individualistas. Se sienten muy seguros de sí mismos y esto los lleva muchas veces a actuar de manera autosuficiente. Caen a veces en indisciplinas, pues en ocasiones no distinguen con claridad la línea que las separa del exceso de iniciativa. Son proclives a tener conflictos entre sí y crearlos con los integrantes de otras entidades u organizaciones con los que tienen que relacionarse. Son en general, lo que en castellano decimos *"un dolor de cabeza"*.

Sin embargo, mi experiencia personal es que todas esas malas actitudes se pueden corregir o al menos lograr que no se conviertan en obstáculos insalvables para alcanzar nuestros objetivos. En todo caso, creo que siempre será una tarea más fácil resolver o al menos atenuar esos defectos que dotar de talento a un tonto, de espíritu emprendedor a un apático, o de amor por el trabajo a un holgazán.

De todos los defectos de los subordinados con talento, el que más dañino pudiera ser es su tendencia a provocar conflictos entre sí. Es imposible que una tarea pueda realizarse si todos los que tienen participación en su ejecución no dedican el 100% de sus energías físicas e intelectuales a su consecución y trabajan de conjunto en una misma dirección. De manera que un jefe que dirija a un grupo talentoso y creador tendrá necesariamente que consagrar una parte importante de sus esfuerzos a garantizar que sus integrantes se lleven bien entre sí.

La primera fórmula para lograr este objetivo es hablar de

él. Decir con claridad a los subordinados que una de nuestras metas importantes es que ellos colaboren entre sí. Que consideramos los antagonismos pueriles como algo contrario a los intereses de la organización y que en última instancia no estamos dispuestos a tolerarlos. Comunicarles expresamente que la única persona dentro de la organización con la cual se puede hablar de los defectos de un compañero es con el propio compañero. Que hablar mal de un integrante del colectivo a su espalda es una ofensa para el colectivo y para el jefe del colectivo. Por supuesto, todo esto obliga al jefe a actuar de idéntica forma con sus subordinados, con otros jefes de igual nivel y con sus propios jefes.

Por otra parte, evitar pugnas fútiles entre nuestros subordinados comienza por el necesario respeto que debe servir como base a sus relaciones, y para que este exista, tiene que ser como siempre el jefe quién dé el ejemplo, tratando él mismo con mucho respeto a cada uno de los integrantes del colectivo, demostrando con su proceder la estima que le merecen. Este trato respetuoso y amable debe extenderse a todos los miembros del colectivo incluyendo aquellos de menor jerarquía como los choferes, las recepcionistas, secretarias, mensajeros, auxiliares de servicio, etc. Un ex Presidente de la gigantesca transnacional productora de aluminio estadounidense (Alcoa) cuando estaba considerando la compra de una compañía tenía la norma de fijarse en cómo el director general interactuaba con el personal que estaba en el escalón jerárquico inferior de la compañía, pues consideraba que esto le proporcionaba una información importante de cómo valoraba a la gente que lo rodeaba y era un indicio sobre su carácter (3).

En relación con este asunto, nunca se debe subestimar la

relevancia que tiene este personal auxiliar de menor rango en una empresa u otras instituciones, Viendo un concierto de una orquesta sinfónica, apreciaba como el músico encargado de tocar los platillos tiene muchísima menos actividad y protagonismo que los violinistas. Sin embargo, pensaba en que podría pasar si comete un error y suena los platillos, que producen un sonido tan vibrante, en el momento equivocado. Sin duda haría que el concierto fuese recordado como un desastre. Igual puede pasar si un chofer confunde el itinerario en una coyuntura en que se dispone de muy poco tiempo para tomar un avión, una auxiliar de servicios derrama un vaso de agua sobre nuestro principal invitado o una secretaria nos deja de dar un mensaje importante de nuestro superior. De manera que es vital que este personal se sienta plenamente identificado con los objetivos de la empresa, se considere una parte importante de esta, y tenga una gran motivación para hacer su trabajo con esmero y, sobre todo, con una gran alegría (4).

Hay que lograr por todos los medios un colectivo de subordinados de mucha vergüenza. En su autobiografía Colin Powell se lamenta sobre el estado de la sociedad de su país: *"Tal pareciera que hemos perdido nuestro sentido de la vergüenza como sociedad. Nada parece embarazarnos, nada nos turba ya"*, No es por gusto que una situación como esta preocupa a alguien acostumbrado a mandar grandes masas de seres humanos.

Nada puede hacer al ser humano esforzarse más que el sentido de autoestima que lo hace avergonzarse de una actuación que no considere digna de sí mismo. Siempre me ha dado mucho resultado no comparar a los seres humanos con otros, sino con él mismo. No creo que pueda haber mayor crítica para alguien con vergüenza que decirle: "*este trabajo no tiene la calidad a la que me tienes acostumbrado*" o simplemente: "*esta no era la actuación que esperaba de tí*".

Cuando después de la batalla de Junín, el Libertador Simón Bolívar designó jefe de la retaguardia a su mejor general Antonio José de Sucre y este se le quejo de tal decisión por considerar que ese cargo no estaba a la altura de sus méritos y capacidades, Bolívar utilizó este método y le escribió una carta a Sucre en la que le decía: "*Esta es la sola cosa que Ud. ha hecho en su vida sin talento. (…) Esas delicadezas esas habilidades de las gentes comunes son indignas de usted*" y apelando a su vergüenza le ofrecía: "*Si usted quiere venir y ponerse a la cabeza del ejército, yo me iré atrás y Ud. marchará adelante para que todo el mundo vea que el destino que he dado a Ud. no lo desprecio para mí. Esta es mi respuesta*". Con esta contestación, el incidente quedó inmediatamente zanjado sin ninguna otra consecuencia (5).

Un veneno que intoxica la atmósfera en cualquier colectivo es la interferencia en el trabajo y la confusión en cuanto a las facultades y responsabilidades de cada cual. Nada irrita o hiere tanto a alguien que tenga amor propio y esté motivado por su trabajo, como sentirse que su terreno "*está siendo invadido*", aunque sea por su jefe. El jefe dirige al subordinado y, si es necesario, lo destituye y designa a otro para que lo reemplace, pero nunca usurpa sus funciones. Esto lo disminuye ante los ojos de los demás, lo compromete innecesariamente y crea una situación donde sucede lo peor: que hay dos haciendo la función de subordinado y nadie está haciendo la de jefe, pues nadie puede ser jefe de sí mismo.

El jefe que trata de hacer el trabajo de su subordinado está evidenciando que no sabe hacer el suyo, pues este consiste esencialmente en coordinar los esfuerzos de un grupo. Y mal puede hacer el trabajo de otro, quien no sabe hacer el propio. Además, ¿quién puede negar el principio de la especialización? No es lógico pensar que alguien puede hacer un todo por sí mismo mejor que especializando a cada cual en la ejecución de cada parte de ese todo. ¿Puede acaso negarse que el principio de la división del trabajo es uno de los factores claves que han determinado el progreso humano (6)?

Todos los jefes deberían estudiar la fábula del filósofo norteamericano Emerson: *Cada cual a su oficio,* traducida brillantemente por el Héroe Nacional de Cuba, José Martí, en la cual se relata una querella entre una montaña y una ardilla de buen juicio que pone las cosas en su lugar al aclararle a su colosal adversaria: *"ni llevo yo los bosques a la espalda, ni puede usted señora cascar nueces."*

En la relación entre el subordinado y el jefe hay preguntas que este último nunca debe cansarse de repetir: *"¿Qué tú piensas sobre...?" "¿Qué tu recomendarías? ¿Qué crees que debamos hacer? ¿Cómo recomiendas enfrentar esta situación?"* Recordar perennemente que la *sabiduría* de un jefe no radica en *saberlo él todo,* sino en *saber* utilizar constructivamente todo lo que *saben* sus subordinados.

Siempre debe escucharse a nuestros subordinados antes de tomar una decisión en temas que les incumbe. Se les debe escuchar, no por formalidad o porque queramos comprometerlos con la decisión que se tome, cosa ésta que no es necesariamente irrazonable, sino porque debemos estar realmente convencidos de que la única forma de reducir al mínimo posible nuestros errores es sometiendo constantemente al análisis ajeno los temas sobre los cuales debemos decidir. Y con esto no quiero decir que nuestra organización deba ser un lugar donde todos deban opinar de todo o los debates constantes e interminables se conviertan en trabas que no permitan que las cosas avancen, pues el exceso de consultas es también un mal del que debemos cuidarnos. En su obra *El Contrato Social*, Rousseau advertía que si se concede demasiado a la prudencia, se puede dejar escapar la fortuna, ya que si se delibera demasiado se puede perder el fruto de la deliberación (7). Cuándo es el momento en que el fruto de la deliberación está maduro y debe convertirse en acción, es una delicada decisión que cada jefe debe saber adoptar con lucidez y fineza de tacto.

En cuanto a la selección de nuestros subordinados, pudiéramos definirla como el instante en que estamos decidiendo nuestra suerte como jefes. Una mala operación comercial puede siempre deshacerse a un costo bajo o alto, pero generalmente calculable. Igual criterio podría aplicarse a una mala inversión aun cuando en este caso el costo de la rectificación es usualmente más alto. Sin embargo, resulta muy difícil calcular cuánto nos cuesta escoger mal a un subordinado. Cuánto nos cuesta, tanto por las secuelas que puede causar su gestión negativa en el contexto de la actividad global de la entidad que dirigimos, como por las implicaciones que puede significar el tener que prescindir de él y dedicar tiempo y esfuerzo a conseguir un substituto.

Creo que la selección de un subordinado tiene más de arte que de ciencia. Siempre me ha dado mucho temor basar tal decisión en un frío *curriculum* o en una recomendación. Estos son solo válidos como puntos de referencia. Son tal vez útiles como elementos a tener en cuenta, pero no debe sobrevalorarse su importancia. Desgraciadamente, he conocido múltiples casos de personas con buenas recomendaciones o *curriculum* muy positivo, que no son capaces de traducir sus supuestos valores en términos de resultados prácticos.

Éste es un tema sobre el que he conversado con banqueros europeos, armadores griegos, industriales latinoamericanos, y con muchísimos compatriotas. En general la idea en la que suele haber consenso es que en la selección de un subordinado el punto más importante es la entrevista previa que inexorablemente debiéramos tener antes de proceder a su contratación. Son muchas, muy importantes y válidas, las conclusiones que podremos sacar de las respuestas que obtengamos en esa entrevista a preguntas tales como:

¿Qué espera usted de nuestra organización?
¿Por qué quiere venir a trabajar con nosotros?
¿Cuáles son sus aspiraciones en la vida?
¿A qué posición quisiera llegar dentro de nuestra empresa?
¿Por qué quiere cambiar de trabajo?
¿Qué le desagrada o no le satisface del lugar donde trabaja actualmente?
¿Cuáles son sus limitaciones para aceptar mayores responsabilidades?
¿Tiene problemas personales que afecten su vida laboral?
Y otras similares.

Es increíble cómo una conversación de menos de una hora alrededor de preguntas de este tipo nos pueden dar indicios muy certeros sobre si estamos en presencia de una persona ecuánime o que pierde el control con facilidad, colérica o flemática, autosuficiente o modesta, segura o no de sí misma, asertiva o tímida, ambiciosa o de limitadas pretensiones, así como de otras cualidades que deben observarse para poder decidir con acierto.

No debe perderse de vista que al determinar la utilidad o no de una persona para la organización, hay que evitar generalizaciones que puedan ser injustas y superficiales. No es razonable, por ejemplo, decir: *esta persona no sirve porque no es buena para las relaciones públicas*; porque si lo que estamos buscando es alguien para realizar una tarea cuyo objetivo básico es el control interno, tal vez es conveniente que no sea una persona que conceda demasiada relevancia a sus relaciones sociales. Una de las tareas más importantes del jefe, por tanto, debe ser descubrir los lados positivos de cada cual y tratar de usarlo allí donde sus buenas cualidades contribuyan a la efectividad del trabajo y sus partes malas no tengan mayor influencia.

Elemento de extraordinaria importancia es aprender a apreciar cuándo alguien con talento está dispuesto a ponerlo en función de un objetivo. Se da más de lo conveniente el caso de personas muy talentosas que lo son sólo a nivel abstracto, sin disposición de traducir su lucidez, su sabiduría, en objetivos prácticos. Cuando estemos ante estos casos debemos siempre recordar que *"si un paralítico quiere correr o si un hombre ágil no lo quiere, ambos se quedarán en el mismo sitio"*, como dijo Rousseau. Alguien con talento, sin deseos de emplear sus energías y su inteligencia, no se diferencia de alguien inepto, en su capacidad de lograr objetivos concretos. Gandhi utilizaba otra metáfora sobre el mismo asunto: *"Se puede despertar a un hombre si es que realmente está dormido; pero ningún esfuerzo tendrá efecto sobre un hombre que simplemente quiere hacer creer que está durmiendo"* (8). En resumen, *se necesitan subordinados ágiles, que no deseen simular que están dormidos, y que quieran correr.*

Notas

1) *Marx explica que "todo trabajo directamente social o colectivo en gran escala, requiere en mayor o menor medida una dirección que establezca un enlace armónico entre las diversas actividades individuales y ejecute las funciones generales que brotan de los movimientos del organismo productivo total, a diferencia de los que realizan los órganos individuales. Un violinista solo se dirige él mismo, pero una orquesta necesita un director."* Carlos Marx: *El Capital*, Ediciones Venceremos, La Habana, 1965, Tomo 1, p 286).

2) *"Cuando una persona inteligente entra en una empresa, enseguida le sigue otra, porque a la gente con talento le gusta trabajar con quienes lo tienen. Esto crea un sentimiento de excitación positiva. Los socios y clientes potenciales prestan más atención y la espiral continúa, haciendo que el próximo éxito sea más fácil. Por el contrario, las empresas pueden caer en una espiral negativa. Una compañía que se encuentra inmersa en una espiral positiva tiene el aspecto de estar predestinada, mientras que la que está en una espiral negativa se siente condenada."* Bill Gates: *Camino al futuro*, Mc Graw Hill Interamericana S.A., Bogotá p 36.

3) Ver: Ron Suskind: *El precio de la lealtad.* Editorial Península Atalaya, Barcelona, 2004 p 43.

4) Mahatma Gandhi afirmaba muy acertadamente que*: "El servicio que se presta sin alegría de servir, no es útil ni al que sirve, ni al que lo recibe".* *Mahatma Gandhi: historia de mis experimentos con la verdad, Autobiografía,* Editorial arte y literatura, la Habana, 2013 p 175.

5) Ver: Luis José Silva Londongo: *Bolívar, herencia de todos*, Caracas, 2003, pp 568-570.

6) En el *bestseller"El Principio de Peter"* se expone con jocosidad pero con mucho realismo este ejemplo hipotético, que ilustra lo que sucede cuando un jefe asume tareas que le corresponden a un subordinado: *"E. Diestro era un aprendiz excepcionalmente*

trabajador e inteligente del taller de reparaciones "G. Reece y Compañía", y no tardó en ascender a mecánico especialista. En este puesto, demostró una extraordinaria habilidad para diagnosticar oscuras averías e hizo gala de una paciencia infinita para arreglarlas. Fue ascendido a encargado del taller. Pero aquí su amor a la mecánica y a la perfección se convierte en un inconveniente. Emprenderá cualquier tarea que le parezca interesante, por mucho trabajo que haya en el taller. "Vamos a ver qué se puede hacer", dice. No dejará un trabajo hasta quedar plenamente satisfecho de él. Se entromete constantemente. Raras veces se le encuentra en su puesto. Generalmente, está con la nariz metida en un motor desmantelado, mientras el hombre que debería estar haciendo ese trabajo se encuentra de pie a su lado mirando, y los demás obreros permanecen sentados esperando que se les asignen nuevas tareas. Como consecuencia, el taller se halla siempre sobrecargado de trabajo, siempre desorganizado, y los plazos de entrega se incumplen con frecuencia. Diestro no puede comprender que al cliente medio le importa muy poco la perfección. ¡Lo que quiere es que le devuelvan puntualmente su coche! No puede comprender que a la mayoría de sus hombres les interesa menos los motores que los cheques de su sueldo. En consecuencia, Diestro se ve siempre en dificultades con sus clientes o con sus subordinados Era un mecánico competente, pero ahora es un encargado incompetente".
Lawrence J. Peter y Raymond Hull, *El Principio de Peter*. www.librosmaravillosos.com

7) *"Es seguro, además, que la resolución de los asuntos adviene más lenta a medida que se encarga de ellos mayor número de personas: concediendo demasiado a la prudencia no se concede bastante a la fortuna y se deja escapar la ocasión, ya que a fuerza de deliberar, se pierde con frecuencia el fruto de la deliberación"* Juan Jacobo Rousseau: *El Contrato Social*, Espasa-Calpe S.A., Madrid, 1981 p 91.

8) Mahatma Gandhi: *La historia de mis experimentos con la verdad*, Autobiografía, Editorial arte y literatura, la Habana, 2013 p 437.

3. Los superiores: ¿qué espera usted de mí?

Hay algo que suele olvidarse al tratar sobre los jefes. Esto es que los jefes también tienen jefes. A nuestros subordinados no siempre podemos escogerlos y por tanto, como ya he mencionado, debemos aprender a conocer sus partes débiles y fuertes, empleándolos en tareas donde éstas últimas contribuyan a lograr los objetivos y las primeras puedan pasar inadvertidas. A nuestros jefes no podemos escogerlos y carecemos de facultades sobre ellos, de manera que no podemos determinar sobre la manera de usar sus partes "débiles" y "fuertes". Sin embargo, podemos estudiarlos, podemos analizar su personalidad, observar su forma de actuar, reflexionar sobre sus métodos y forma de trabajo; y aprender todo lo que veamos de positivo en ellos, diseñando una estrategia para que sus puntos "débiles" no se conviertan en motivos de conflicto en nuestras relaciones mutuas o no tengan un efecto negativo en los objetivos comunes que debemos lograr.

Tal vez el primer error que muchos jefes cometemos en las relaciones con nuestros superiores es no hacerle directa y llanamente preguntas tales como: *¿Qué espera usted de mí? ¿Qué debo hacer para que a fin de año usted considere que cumplí? ¿A dónde quiere usted que conduzca esta organización? Dentro de mis funciones, ¿cuáles son para usted las prioritarias y cuáles las secundarias?*

Siempre se corre el riesgo de que haya jefes que no nos contesten con claridad estas preguntas. En este caso las cosas pueden ser más difíciles, pero no es el fin del mundo. En nuestra relación cotidiana con ellos podemos ir encontrando estas respuestas si observamos agudamente su forma de actuar y reflexionamos sobre sus reacciones y posiciones ante los distintos temas que debemos someterle a consulta.

En cualquier caso, lo cierto es que cada jefe tiene objetivos, y decir que no pudo lograrlos porque no recibió apoyo de su superior, porque no logró entenderse con él, porque al final la relación mutua se convirtió en un conflicto insostenible, no le quita amargura al fracaso ni hace más digerible el sentimiento de frustración.

De nuestros superiores necesitamos apoyo, guía para esclarecernos en el proceso de toma de decisiones sobre temas en los que no contamos con toda la información necesaria, rapidez en la respuesta sobre consultas que le sometemos, comprensión sobre lo que hacemos y confianza para evitar interferencias y excesos de control que dificultan el ejercicio de nuestra actividad. Cómo lograrlo es una de las más delicadas tareas de un jefe.

Tal vez la primera regla para lograr una reflexión exitosa con nuestros superiores sea observar un principio tan simple y antiguo como no mentir. La tentación de mentirle a un superior es a veces irresistible. Nos puede ahorrar reproches y situaciones embarazosas. La mentira puede incluso pasar inadvertida y contribuir a que no se afecte negativamente nuestra imagen ante un contratiempo temporal que estamos seguros vamos a ser capaces de corregir sin tener que pasar por el desagradable momento de decir que algo no anda bien. Sin embargo, la vida nos muestra constantemente que todo apoyo logrado de un superior, sobre la falsa base de no transmitir una información fidedigna con respecto a un asunto que está saliendo mal, tiene el mismo valor de un edificio construido sobre arena. Todo Jefe inteligente preferiría mil veces pasar por el mal momento de informar un resultado adverso oportunamente, que ahorrarse una reprimenda justa o injusta de su superior ocultando esa información, porque entonces se pierde el respeto a sí mismo y, por supuesto, pierde el de su superior, pues nadie respeta a quien no sabe auto respetarse.

Nótese que hemos utilizado la palabra *oportunamente*, pues decidir cuándo y de qué manera debemos informar que algo está saliendo mal tampoco es fácil. Téngase en cuenta que no sería lógico que ante cualquier inconveniente estuviésemos corriendo ante nuestros superiores para ocuparle su tiempo, como si fueran nuestros confesores, o el maestro de primer grado a quien el alumno acude al más mínimo contratiempo.

Un jefe inteligente, honesto y seguro de sí mismo, no tendrá mayores dificultades en identificar el momento exacto en que una mala noticia es de tal envergadura que debe ser informada al superior, con independencia de las consecuencias que pueda traerle en su situación personal. Y cuando lo identifica no espera. Sencillamente lo hace. Pero para hacerlo escoge la forma y el tono del mensaje a través del cual la trasmitirá. ¿Deberá hacerse por escrito? ¿O tal vez verbalmente? ¿Se debe pedir una entrevista específica o se informará dentro de un grupo de cosas pendientes? ¿Se deberá reforzar el tono grave o se le debe restar dramatismo? No hay respuestas generales a estas preguntas, pero tener o no tener la capacidad analítica para escoger la forma y el alcance de una información puede muchas veces determinar el transcurso ulterior de un tema que empieza a complicarse.

De cualquier manera, de lo que si no hay dudas es que

ante la necesidad de transmitir a un superior una información sobre un resultado negativo debe analizarse cuidadosamente la forma de hacerlo y esta tiene que ir precedida de un análisis de las causas que a nuestro juicio han determinado ese curso negativo de los acontecimientos y una valoración sobre la evolución ulterior del problema; qué estamos haciendo para encausar las cosas hacia el fin deseado; qué posibilidades tenemos de lograrlo; cuáles son las consecuencias si no tenemos éxito y las alternativas para atenuar los efectos negativos en el peor de los casos.

Para llegar a nuestros objetivos necesitamos que nuestros superiores nos aprueben aquellas iniciativas que estén fuera de nuestra esfera de facultades. Es muy poco común que las metas importantes puedan alcanzarse sin tener que recibir aprobación al menos de algunas de las acciones que tenemos que emprender para su consecución. Conozco muchos casos de jefes que se quejan de la lentitud o incluso de la mala acogida que se hace de sus propuestas por parte de sus superiores y de cómo esto les impide coronar con el éxito sus proyectos. La mentalidad del perdedor es llegar hasta ahí en el razonamiento. Quien quiere hacer las cosas, no dedicará tiempo a lamentarse. Revisará si está sometiendo sus propuestas con el nivel de argumentación apropiado, si las resume lo suficientemente para que puedan entenderse, y captarse su esencia en una primera lectura, si la exposición está sustentada por los gráficos y cifras mínimas necesarias para trasladar una idea clara, sin enredar a los demás, y principalmente a los superiores, en una telaraña de datos que sólo sirve para crear confusión. En la mecánica de toma de decisión, confusión es igual a inercia. No se toma una acción respecto a una propuesta sobre la cual no se tiene una idea clara. Pero lo que es aún más importante, ¿tenemos un dominio pleno sobre lo que estamos proponiendo?, ¿lo hemos estudiado con un nivel de profundidad tal que nos permite exponerlo verbalmente, con palabras sencillas, con elocuencia y seguridad?, ¿Hemos pensado en las preguntas razonables que se nos podrían hacer y tenemos previstas respuestas precisas y claras? Es muy difícil que alguien que no tenga en cuenta estos principios llegue a construirse el puente de comunicación de dos vías con sus superiores, por el que deben transitar propuestas y aprobaciones, con la fluidez necesaria para que el éxito no se canse de esperar por nosotros.

A nuestros superiores les debemos dar nuestros criterios con absoluta franqueza pero siempre con el cuidado y el tacto necesarios. Cuidarnos de evitar en nuestras palabras cualquier tono de enfrentamiento o de desconocimiento a su autoridad, el cual carece de utilidad práctica y puede dañar una relación constructiva con ellos. Debemos tener presente que el hecho de que se nos pregunte una opinión no tiene como resultado automático que esta será aceptada. No sentirnos frustrados cuando nuestro superior decida hacer algo distinto a lo que recomendamos. No olvidar que ellos serán los responsables de las consecuencias de la decisión y por tanto tienen todo el derecho de actuar según su propio juicio. Además, en estos casos debemos tratar de cooperar con la implementación exitosa de la decisión tomada con dedicación y entusiasmo. No hay peor imagen que la que trasmite un jefe a su superior, cuando acomete con desgano la ejecución de una decisión contraria a su opinión personal. Es un síntoma de inmadurez, debilidad de carácter e incluso de falta de lealtad. En todo caso, si se tratase de una cuestión de principios que resulta inaceptable para nosotros, entonces la única salida honorable es renunciar y aceptar todas las consecuencias de esta actitud.

4. Los colegas: cooperación y cortesía

A los efectos del contenido de este capítulo, definimos como "colegas" a todos aquellos con quienes debemos relacionarnos necesariamente para llevar adelante nuestro trabajo, pero sin tener con ellos relaciones de subordinación, o sea, no somos sus jefes ni ellos los nuestros. Pueden estar situados socialmente en posiciones definidas o entendidas como de superior o inferior nivel que nosotros y eso no cambia las cosas. Desde el punto de vista real, no los podemos mandar ni ellos nos pueden mandar a nosotros.
El primer punto importante en este tipo de relación es aceptar que para lograr nuestros propósitos no tenemos la posibilidad de darles una orden y, por tanto, nunca debemos actuar como si la tuviéramos.

No se trata de hacer ver que mi nivel jerárquico es superior y que por lo tanto "*yo llevo la voz cantante*"; se trata de establecer un diálogo franco y constructivo donde prevalezca el sentido común y el espíritu de trabajo en equipo. Cuando hay un éxito, debemos siempre estar dispuestos a resaltar la contribución del otro; si de alguna manera se debe expresar quién es el más importante del grupo, no se debe objetar que es el otro. Pero si hay un trabajo engorroso que hacer, para lograr un propósito común, debemos colaborar decididamente y poner nuestro esfuerzo a disposición del grupo. Por otra parte, las discrepancias debemos reservarlas para los asuntos trascendentales y de principios. Nada obstruye tanto una relación fluida con un colega, como estar librando escaramuzas constantes alrededor de puntos irrelevantes que no deciden el éxito de un objetivo.

No se puede dejar de pensar ni por un segundo que lo importante es que las cosas se hagan. Si algo es útil, razonable y provechoso hay que lograr que se haga y este fin no puede ponerse en peligro por un falso orgullo, una sensibilidad exagerada o una soberbia mal controlada.

Jamás debemos ocupar a un superior para que nos ayude a resolver una discrepancia con un colega. Esta es una de las formas más claras de confesión de incapacidad. Además, generalmente lo único que se logra con una queja de este tipo es reforzar la personalidad del otro; es como si dijéramos: *es tan duro, tan inteligente y tan capaz que no puedo con él con mis propias fuerzas y tengo que acudir a otro para pedir auxilio.*

A los colegas se les trata con respeto, amabilidad y cortesía. Todas las acciones que simbolizan estos sentimientos deben siempre tenerse en cuenta. Se les sale al teléfono inmediatamente que llaman, las reuniones se hacen en su oficina y se les pide su apoyo como quien solicita una ayuda, aunque sepamos que están obligados a dárnosla.

Cuando estemos con sus jefes se enfatiza siempre sus partes positivas. Sus partes negativas, las que pueden impedir que logremos nuestros objetivos comunes, sólo las hablamos con ellos de manera constructiva (que no es antónimo de firmeza). Cuando algo sale bien se les agradece su colaboración, no lo tomamos con una actitud de *"tenías que hacerlo"* sino de *"que buena ayuda me diste"*. A los subordinados de nuestros colegas se les trata con igual respeto que a los nuestros, pero tal vez con mayor cuidado. Que nunca puedan pensar que nos sentimos sus jefes.

Las normales disputas entre nuestros subordinados y las de nuestros colegas no se potencian. Se les quita carga emocional. Tenemos que transmitir a nuestros subordinados nuestra filosofía sobre el trato con nuestros colegas para que ellos también la pongan en práctica en sus relaciones con los subordinados de éstos.

Nuestros subordinados deben saber que son ellos quienes tienen que resolver sus problemas con los subordinados de nuestros colegas y que no pueden acudir a nosotros en busca de apoyo. Debemos hacerles ver que ése es un signo de incompetencia, que su objetivo es lograr que las cosas se hagan y que todo obstáculo que se interponga en el camino es un estorbo que hay que ser capaz de eliminar. Que los malos entendidos no se estimulan, se les quita el detonante antes de que se conviertan en conflictos difíciles de manejar.

En definitiva, todos tienen que entender que con los colegas la relación debe ser siempre de cooperación y cortesía, que cada uno de nuestros actos debe converger en esa dirección, y que lo que se aparte de este principio, es simple hojarasca que no es digna de nuestra atención.

5. Respeto o miedo: ¿cuál debe reinar?

Maquiavelo creía que un jefe tenía que hacerse amar y temer, y que si en algún momento tenía que escoger entre uno u otro sentimiento, debería hacerse temer. Estaría de acuerdo con ese concepto sólo cambiando la palabra "*temer*" por la palabra "*respetar*" (1).

En el contexto de los temas que tratamos en este libro, podríamos definir el respeto como una consideración especial a que alguien se hace acreedor por sus cualidades personales y la forma en que actúa, lo cual lleva a otros a considerar positivamente sus propuestas o planteamientos y a evitar causarle algún daño u ofensa. Esto es muy distinto al miedo que alguien es capaz de infundir a los demás, con el cual puede lograr imponer su voluntad temporalmente, pero lo hará sobre una base de angustias y actitudes reprimidas subyacentes, las cuales son potencialmente peligrosas, y más temprano que tarde terminarán por causar mayores daños que beneficios.

Además, la obediencia ciega impuesta mediante el temor, embrutece y nos acerca a los animales, en tanto se basa mucho más en los instintos que en el razonamiento, y generalmente está asociada a la ausencia de luces tanto de quien la admite como de quien la impone, ya que quien exige una obediencia extrema basada en el temor, no tiene la necesidad de discurrir ni de dudar: le basta con querer (Ver: Montesquieu: *El espíritu de las leyes*, Editorial de Ciencias Sociales, La Habana, 1976 p 73)

Debemos tener presente que generar miedo en los demás depende menos de nuestras propias acciones que generar respeto. Un sentimiento de temor hacia un jefe es mucho más susceptible a cambios por razones fuera de su alcance que un sentimiento de respeto. Que a un jefe se le respete, depende solamente de él. Lo determina cada jefe exclusivamente con su forma de actuar. Que se le tema no. Puede haber factores externos que hagan disminuir o desaparecer las causas del temor, sin que el jefe pueda impedirlo. (Y cuando ese cambio ocurre, los subordinados pueden llegar a tener reacciones inesperadas y a veces muy dañinas). El mejor ejemplo para demostrar este punto de vista es la relación padre-hijo. Los padres, que basen su relación con sus hijos en el temor, nunca lograrán perpetuar un vínculo de ascendencia moral sobre sus hijos y, por lo tanto, en algún momento de sus vidas pierden su influencia real sobre ellos. Los padres justos y buenos, que se ganan el respeto de sus hijos, nunca dejan de ser los verdaderos jefes de la familia, aunque no se les tema ni se les necesite materialmente.

Ser respetado es condición esencial para que un jefe pueda ejercer su mandato y por lo tanto todo lo que un jefe haga tiene que contribuir a inspirar respeto. Un factor elemental para ganar el respeto de aquellos con quienes nos debemos relacionar en nuestras funciones de dirección, es ser objetivos al evaluar nuestras insuficiencias y debilidades y a partir de ese auto-conocimiento *ser genuinos*, no pretender dar apariencias que no coinciden con la realidad, y, sobre todo, garantizar que haya una total coherencia entre nuestras palabras y nuestras acciones. Comprender que cuando se logra un objetivo mediante la simulación o usando argumentos distintos a nuestras verdaderas ideas, nos dejamos de respetar nosotros mismos, perdemos el respeto ajeno, y el triunfo que logramos así es extremadamente frágil, pues tarde o temprano esta dicotomía se hará visible para todos, de manera que al único a quien realmente se engaña actuando así es a uno mismo, creando un daño irreparable a su imagen de jefe.

El respeto engendra admiración y cariño y estos dos sentimientos, cuando son sinceros, refuerzan la lealtad y con esta los deseos de servir y apoyar al jefe. Cuando Napoleón desembarcó en Francia después de su exilio en la isla de Elba, uno de sus más famosos subordinados, el mariscal Ney que servía entonces a la corte francesa, marchó en su búsqueda y prometió al rey que se lo traería prisionero en una jaula de hierro. Napoleón no respondió con un ataque. Cuando ya estaba muy cerca del ejército de Ney le envió un mensajero para que le trasmitiera el siguiente mensaje: *"Dígale que lo quiero y que mañana lo abrazaré"* y con estas simples palabras logró que el mariscal se pusiera nuevamente a sus órdenes, lo cual refleja el extraordinario respeto y la admiración que despertaba en él (2).

En resumen, la autoridad basada en el miedo es frágil, temporal y puede ser contraproducente. La autoridad que se logra mediante el respeto, es sólida, duradera y con el tiempo tiende a fortalecerse y perpetuarse.

Notas
1) Ver: Nicolás Maquiavelo: *El Príncipe,* Espasa-Calpe, Madrid, 1985 p 82.
2) E. Tarlé: *Napoleón*, Editora Política, La Habana, 1964, pp 363 y 366.

6. El cambio: todo nace, evoluciona y caduca

Ser jefe implica aceptar el cambio como algo necesario e inevitable. Quinientos años a.n.e., los antiguos filósofos griegos ya se habían percatado de que en el mundo todo está en constante movimiento. Según Heráclito, reposo o inmovilidad eran propiedades de la muerte. Marx y Engels elevaron esta percepción a una categoría científica al demostrar que todo estado de equilibrio es siempre transitorio y relativo. En su Anti-Duhring, Engels afirma que si nos paramos a pensar en la historia humana nos encontraremos con la imagen de una trama infinita de concatenaciones y mutuas influencias, en la que todo se mueve y se cambia, nace y caduca (1) y al estudiar las formas de movimiento de la materia, concluye con una sentencia que es también extensiva a la vida en general: *todo equilibrio es puramente relativo y temporal* (2). El jefe que no entienda estos simples razonamientos y no sea capaz de basarse en ellos al determinar su estrategia, está condenado al fracaso.

Asimismo, el jefe verdadero no se conforma nunca con seguir los caminos aceptados normalmente por la mayoría, sino que está siempre explorando nuevas alternativas y una vez que descubre mejores vías para obtener un fin, consigue que los demás lo sigan.

En el mundo de hoy, donde el avance de las comunicaciones nos lleva a la inexorable globalización de la actividad humana, el cambio es mucho más rápido y general. Mantener la organización o el grupo que dirijamos en una situación no evolutiva, es suicidio. Además, la aceptación de la necesidad del cambio constante no puede quedarse en una simple declaración o en un acatamiento teórico. El cambio, además de aceptarlo, hay que programarlo, dirigirlo y controlarlo. Si tratáramos de llevar estas ideas a la vida diaria, podremos ver, tomando como ejemplo una empresa productora, que son múltiples las formas en que se manifiesta este proceso de cambio incesante. Por mencionar algunas:

La fuerza laboral cambia constantemente cuantitativa y cualitativamente, algunos quieren trasladarse a otras empresas, otros se jubilan o mueren, algunos no los queremos más, otros piden incorporarse; vemos a los que se superan técnica y culturalmente y son cada día más útiles, otros se atrasan o simplemente pierden interés en su trabajo por múltiples causas.

El entorno se nos presenta con alteraciones inacabables, las materias primas suben y bajan de precio, nuestros competidores toman nuevas acciones que influyen en nuestras posibilidades de mantener nuestros segmentos de mercado, surgen nuevas tecnologías, nuevas formas de envase y transportación.

Nuestros superiores jerárquicos son sustituidos de tiempo en tiempo y con ellos sus asesores y equipos de dirección. Los que llegan vienen con nuevas ideas, con nuevas formas de ver las cosas que nos afectan de una u otra manera.

Por otra parte, en nuestra propia vida personal se experimentan cambios que nos limitan o nos dan nuevas posibilidades. Una enfermedad puede ser motivo de que tengamos que reordenar nuestra vida laboral o al menos actuar tomándola en cuenta. El nacimiento de un hijo, si queremos cumplir con el deber de padres, puede también serlo. Asumir mayores responsabilidades, ascender en la pirámide social, son también circunstancias en las que se manifiesta el continuo proceso de cambios a los que estamos sujetos.

Para ser jefe se requiere usar el cambio de manera positiva, preverlo, impulsarlo, no permitir que nos sorprenda o nos tome desprevenidos. La regla de oro para traducir todo esto en términos prácticos es someter a un constante juicio crítico lo que estamos haciendo. En primer término, aceptando nosotros mismos que todo puede hacerse mejor, que siempre hay formas superiores y más efectivas de lograr mejores resultados. Crear un clima de sinceridad a nuestro alrededor, provocar que se enjuicie lo que hacemos y reflexionar con profundidad sobre todo lo que se nos diga que encierre juicios contrarios o distintos a los nuestros. Incluso los rumores pueden ser de interés. En ocasiones hay personas con ideas acertadas que no tienen el valor de expresarlas abiertamente, pero esto no quiere decir que sus ideas sean desatinadas o carezcan de interés. Además, los que hemos estudiado la teoría del rumor sabemos que este sólo prospera cuando un número importante de personas quieren que pase lo que se está rumorando. Nadie lanza a correr un rumor sobre algo que no quiere que pase. Esto nos dice que en cualquier caso un rumor representa, al menos, cierto estado de opinión que nos debe llevar a analizar su origen y racionalidad. Incluso las opiniones de nuestros adversarios pueden contener ciertas indicaciones en cuanto a los puntos más frágiles de nuestra organización. Ningún ejército escoge el flanco mejor defendido del enemigo para lanzar su ataque.

Debemos recordar que cualquier cambio que queramos

introducir en nuestra organización usualmente toma mucho tiempo, por lo tanto, el proceso para lograr un cambio deseado hay que comenzarlo con gran antelación a la fecha en que queremos que se materialice. Y como ya hemos dicho, la vida en general es un proceso de cambio continuo, por lo que más bien se trata de decidir cómo queremos influir en los cambios, analizar en qué dirección queremos impulsarlos, cómo podemos obtener ventajas de estos, y determinar las acciones concretas que tenemos que ejecutar para lograr esos fines. Por ejemplo, cuando se dirige una empresa que está creciendo, no es posible esperar a que su tamaño sea inmanejable para preparar el nuevo equipo de dirección, debe comenzar a hacerse con la antelación suficiente, de manera tal que el crecimiento y la preparación marchen paralelamente en el tiempo, y en el momento preciso tengamos a la gente apta para hacerle frente a la empresa en su nuevo tamaño y con sus nuevos retos.

Es muy común ver cómo en una empresa en crecimiento sus jefes concentran sus esfuerzos en tratar de dinamizar aún más los factores que originan el crecimiento y disfrutar de sus resultados momentáneos. Sin embargo, los de mayor visión ponen la mirada en el futuro, tratan de representarse cuál será el punto en que la empresa puede dejar de estar preparada para asimilar el crecimiento, y dedican tiempo y esfuerzo a tomar las medidas necesarias para evitar, o al menos alejar en el tiempo, ese momento; y, muy en particular, a fortalecer su equipo humano para asumir las nuevas situaciones que el crecimiento genera.

Cierta vez, siendo aún muy joven, hice una crítica a un jefe, también joven, y le sugerí que debía cambiar su forma de actuar. Me contestó con la mayor seguridad que él había empezado desde muy abajo y que siendo como era, había progresado muy rápidamente en la vida, al punto de encontrarse en la importante posición en que ahora se hallaba. No tuve argumentos para refutar su planteamiento. La vida parecía confirmarlo. Era verdad que hasta ese momento su forma de ser lo había ayudado a progresar. Más tarde, pensando con más calma, llegué a la siguiente conclusión: *si mientras tenemos éxito no cambiamos, esto es equivalente a afirmar que sólo debemos cambiar cuando fracasamos,* lo cual suena bastante irrazonable.

Dos veces más recibí esta respuesta ante críticas que hice siendo ya más viejo. En los tres casos eran personas muy diferentes. Sin embargo, el no haber cambiado a tiempo los condujo al más completo y traumático fracaso en su gestión de jefes. La enseñanza es que debemos tener siempre las riendas del cambio en nuestras manos, que el mejor momento de cambiar es cuando aún se tiene éxito y que para eso hay que estar constantemente analizando el pasado, observando el presente y pensando en el futuro.

El cambio siempre encuentra resistencia, en cualquier empresa o institución, aunque hay quienes dicen que no se debe hablar de "resistencia" al cambio, sino de "temor" al cambio. Cuando exponemos una nueva idea tenemos que asumir con naturalidad que enfrentaremos criterios adversos de aquellos ante quienes debemos explicarla y esto no ha de desanimarnos ni disminuir nuestro empeño en llevarla adelante, si estamos convencidos de su racionalidad y conveniencia. La historia nos dice que casi todos los grandes inventos que revolucionaron la vida humana, fueron antes de realizarse una idea en la mente de un hombre que tuvo que enfrentar grandes obstáculos y luchar denodadamente para sacarla adelante (3).

Esta usual *oposición* obedece no solo al "temor" que inspira lo nuevo sino también a factores subjetivos de diversa naturaleza, incluyendo una tendencia del ser humano, que lamentablemente es más frecuente de lo que debería, de reaccionar negativamente ante la iniciativa ajena. Un talentoso y experimentado colega decía en broma, que cuando él exponía una idea novedosa o proponía un nuevo proyecto ante un colectivo, al terminar preguntaba siempre: *¿Además de que la idea se me ocurrió a mí y no a ustedes, que otro defecto le ven?*

En cuanto a este tema, Keynes afirmaba que "*La dificultad reside no en las ideas nuevas, sino en rehuir las viejas que entran rondando hasta el último pliegue del entendimiento de quienes se han educado en ellas*" (4). En cualquier caso, uno de los principales objetivos de un jefe es lograr que sus subordinados y sus colegas venzan el temor al cambio. Para esto nada más efectivo que convencer que la inmovilidad y la no evolución son categorías muy relacionadas con la muerte y que no son sólo los seres humanos quienes mueren, las organizaciones también.

Es también oportuno mencionar que en el plano intelectual la oposición al cambio puede siempre estar barnizada con un criterio científico -que tiene el beneficio de lo ya conocido-y puede ser defendida con sutileza. John Kenneth Galbraith nos explica que a diferencia del método utilizado por los obreros ingleses cuando se introdujeron las nuevas máquinas que los desplazaban, que recurrieron a la fórmula de destruirlas físicamente, quien se opone al cambio desde un plano intelectual puede hacer lo mismo, pero sin violencia, tratando de descalificar las razones que se aducen para defender el cambio, a partir de la sinuosa tesis de que carecen de disciplina científica (5). Para neutralizar estos peligrosos factores de inmovilismo, solo hay una fórmula de demostrada eficacia: los instintos, la valentía y la energía del jefe.

Notas

1) *"Si nos paramos a pensar sobre la naturaleza, o sobre la historia humana, o sobre nuestra propia actividad espiritual, nos encontramos de primera intención con una imagen de una trama infinita de concatenaciones y mutuas influencias, en la que nada permanece lo que era, ni como y donde era, sino que todo se mueve y se cambia, nace y caduca. (Vemos, pues, ante todo, la imagen de conjunto, en la que los detalles pasan todavía más o menos a segundo plano; nos fijamos más en el movimiento, en las transiciones, en la concatenación que en lo que se mueve, cambia y concatena). Esta concepción del mundo, primitiva, ingenua, pero en esencia acertada, es la de los filósofos griegos y aparece expresada claramente por primera vez en Heráclito: todo es y no es, pues todo fluye, se halla en constante transformación e incesante nacimiento y caducidad"* (Federico Engels: *Anti-Duhring*, Editorial Pueblo y Educación, Habana, 1975 p 30).

2) *"En el organismo vivo observamos el movimiento constante tanto de las partículas más pequeñas, como de los órganos grandes, que durante el período normal de la vida, dan como resultado el equilibrio continuo de todo el organismo, el cual se mantiene sin embargo constantemente en movimiento, como unidad viva de movimiento y equilibrio. Todo equilibrio es puramente relativo y temporal* (Federico Engels: *Dialéctica de la naturaleza*, p 210).

3) *"Toda cosa grande, majestuosa y bella en este mundo, nace y se forja en el interior del hombre, gracias a una sola idea y a un solo sentimiento. Todos los acontecimientos verdaderos y positivos que nos legaron los siglos pasados, fueron, antes de realizarse, una idea oculta en la razón y la mente de un hombre, o un sentimiento sutil en el*

corazón de una mujer." Khalil Gibran: *Obras selectas*, Editorial Patria, Uruguay, 1977 p 197.

4) John Maynard Keynes: *Teoría General de la ocupación, el interés y el dinero*, Fondo de Cultura Económica, México D.F., 1984 p 11.

4) John Kenneth Galbraith: *El Nuevo estado industrial*, Editorial Ariel, Barcelona, 1984, pp 554-555.

7. Las crisis: olvidarse de lo normal

Nada ayuda más a consolidar la autoridad de un jefe ni fortalece tanto a una organización como transitar con éxito por una crisis. La historia está llena de ejemplos, pero en Cuba tenemos tantos que una sola ojeada por nuestra historia nos sobraría para demostrar esta afirmación. Tal vez los más claros serían los de nuestro Héroe Nacional José Martí frente a los sucesos relacionados con el fracaso de la expedición de La Fernandina en 1895 (1) durante nuestras Guerras de Independencia, y el Líder Histórico de la Revolución Cubana Fidel Castro ante la invasión de Bahía de Cochinos (Playa Girón) y la Crisis de los Misiles de octubre de 1962. Estos son ejemplos relacionados con situaciones militares y políticas, pero el concepto general es válido también para crisis de otra naturaleza.

Ser jefe significa la necesidad de identificar situaciones de crisis y comprender que, una vez que se producen, se requiere actuar de manera distinta a como lo hacemos cotidianamente.

Cuando hay una crisis verdadera todo hay que subordinarlo a su solución y el objetivo tiene que ser acortar su duración al tiempo mínimo necesario para hacer regresar las cosas a un estado de normalidad.

Nada puede ser peor en medio de una crisis que tratar de inculpar a nuestros subordinados, aún cuando con su actuación hayan contribuido a causarla. Cuando surge una crisis, el único objetivo es solucionarla y todos debemos ponernos en función de esa finalidad. Después que se sale de la crisis, hay tiempo para depurar responsabilidades y derivar enseñanzas. Imagínense a un jefe de familia que en medio de un incendio que está devorando su casa, convoque a la familia para analizar quién fue el causante del siniestro y dedique su tiempo a hacer recriminaciones y reproches. Lo más seguro es que se quedará sin casa y tal vez hasta perezca él como víctima de las llamas. Igual le pasaría a un jefe que en medio de una crisis actúe de manera similar.

Nunca un jefe es más jefe que cuando hay crisis. Aquí las órdenes tienen que ser más tajantes, más precisas y su ejecución más exacta y más expedita. Si creemos que alguien no nos puede ayudar en su solución, apartémoslo momentáneamente del camino sin herirlo. No ahondemos la crisis con nuevos conflictos. Y si en medio de una crisis nos decidimos a actuar contra alguien porque tenemos evidencia que está actuando de mala fe para ahondarla, entonces hay que hacerlo de manera sumarísima, implacable y sin dejar dudas de que estamos dispuestos a llegar a cualquier extremo. Al decir de Martí, los pueblos, como los hombres, no se curan del mal que roe el hueso con menjurjes de última hora ni con parches que le muden el color de la piel.

Es cierto que en ningún otro escenario hay que oír tanto los consejos de la gente capaz y reflexionar sobre estos, como en un momento de crisis. Pero no es menos cierto que jamás hay que hacer tanto lo que nuestro propio razonamiento nos dicta, como en esa coyuntura. Y una vez que llegamos a esa conclusión, ya no hay más margen para discusión. Se ejecuta hasta sus últimas consecuencias. El riesgo de error es entonces siempre mayor. Pero el peor error en una situación de crisis sería no actuar o actuar con tibieza.

En su libro Guerra de Guerrillas el Che decía: *"gran tarea de los jefes es elegir adecuadamente el momento y el lugar en que una posición será defendida hasta el final*" (2). En una crisis esta gran tarea se convierte en algo de vida o muerte, y quien se equivoque al escoger ese momento y lugar, estará definiendo negativamente para sí el curso ulterior de la crisis.

Las soluciones que nos conducen fuera de una crisis casi nunca transitan por caminos normales. Raúl León Torras, uno de los hombres más talentosos que he conocido, que ocupó los cargos de Vice Ministro de Comercio Exterior de Cuba y Presidente del Banco Nacional de Cuba, en cierta ocasión sugirió una solución a una crisis sobre la cual se debatía en una reunión en la que yo también estaba presente. Yo objeté su planteamiento porque consideré que lo que él estaba proponiendo *no era normal* y así lo expresé. Su respuesta no se hizo esperar. Me contestó de forma fulminante: *"¿y de dónde tú has sacado que las crisis se resuelven con soluciones normales?"* Ni siquiera traté de contestar su pregunta. Hay palabras que nos hacen razonar con una rapidez inusitada, y así fue en este caso. Comprendí lo acertado del mensaje que trasmitía, y desde esa fecha siempre lo he tenido en cuenta al afrontar situaciones de crisis.

Cualquier pequeña desavenencia entre dos subordinados, que en circunstancias normales podemos tomarnos cierto tiempo para resolver, en momentos de crisis hay que dilucidarla sin pestañear. La cohesión interna es un elemento indispensable en tiempos de crisis. Es tal vez el factor que más ayuda en medio de una crisis. Y una vez que la crisis llegó no hay tiempo para construirla, aunque si ya existe, la crisis contribuye a consolidarla. Por eso es tan importante trabajar por la unión interna y poner todos nuestros esfuerzos en lograrla. Las crisis no se avisan, si se pudieran programar dejarían de serlo, y cuando llegan a un grupo, organización o entidad sin cohesión interna, siempre de improviso, por lo general terminan por destruirlos.

Las crisis producen un fuerte impacto en el ser humano normal. Se siente amenazado por sus posibles consecuencias. Trata de representarse cómo lo puede afectar. Surgen dudas, incertidumbre, inseguridad. Por tanto, nunca debe un jefe irradiar tanta seguridad y ecuanimidad como en un momento de crisis. Si en medio de una severa turbulencia un piloto sale de la cabina y se manifiesta temeroso o inseguro sobre si el avión podrá o no salir de la turbulencia, el pánico será general (3).

Si existe un momento en la vida de un jefe en el cual los ojos de sus subordinados lo siguen de una manera escudriñadora, ése es el momento de la crisis. Cualquier detalle es importante. Stalin no se fue de Moscú aunque los nazis llegaron a pocos kilómetros de la capital soviética. En la batalla de Waterloo, Wellington permaneció durante toda la jornada impasible bajo un olmo, al decir de Víctor Hugo: "fríamente heroico", Cuando su ayudante de campo, Gordon, cayó a su lado, Lord Hill, mostrándole un obús que acababa de explotar preguntó a Wellington: *"¿Milord, cuáles son vuestras instrucciones y qué órdenes nos dejáis si os matan?"* Wellington le contestó lacónicamente: *"Las de hacer lo mismo que yo"*.

Cuando al Jefe del Ejército Libertador de Cuba en la Guerra contra España, al Generalísimo Máximo Gómez, lo hirieron en el cuello mientras cruzaba la trocha de Júcaro a Morón causando la consternación de todos sus subordinados, una orden seca, enérgica y decidida les devolvió el aliento: *"¡Corneta, toque usted la marcha de la bandera!"*, y continuó dirigiendo la operación como si nada hubiera pasado.

En el año 1894 en San José, Costa Rica, a la salida de un teatro, al Lugarteniente General del Ejército Libertador de Cuba, Antonio Maceo, y a un grupo de patriotas que iban con él, los balearon. En medio de la confusión el grupo se separó. El cubano J. de Granda, que acompañaba a Maceo, le preguntó: *"¿Cómo habrán salido nuestros compañeros?"* Con su peculiar sangre fría y pausadamente contestó Maceo: *"Quién sabe cómo habrán salido los demás, pero a mí me han herido por la espalda."* Granda pasó la mano por el chaqué negro que vestía Maceo y al retirarla estaba empapada en sangre. Sólo así era posible creer en lo que decía ante su sobrenatural tranquilidad (4).

No creo recordar una estampa tan segura y ecuánime como la del Líder Histórico de la Revolución Cubana Fidel Castro al dirigirse a nuestro pueblo por la televisión, pocas horas después de los disturbios que tuvieron lugar en el malecón habanero, el 5 de agosto de 1994, en los peores momentos de la crisis del *Período Especial*: ¡y la obra a la que había dedicado toda su vida estaba atravesando por momentos de sumo peligro!

Los ejemplos que hemos puesto por supuesto son supremos, pero marcan un camino: sólo puede manejarse con éxito una situación de crisis si estamos decididos a resolverla, confiados en que lo haremos y somos capaces de trasmitir esa seguridad y esa confianza a nuestros subordinados.

Una crisis puede también desembocar en una situación que afecte nuestro prestigio personal como jefe, bien porque hayamos cometido errores irreparables o porque de alguna manera no hayamos sido capaces de prever sus consecuencias. En tal caso, lo único que puede salvarnos como jefes es asumir una actitud digna, reconociendo nuestras insuficiencias con la mayor severidad y objetividad. Nada es más contrario a la naturaleza de un jefe verdadero que tratar de minimizar sus faltas en una crisis exagerando las de los demás o siguiendo el trillado camino de lanzar las culpas sobre las impersonales y abstractas *"circunstancias fuera de nuestro control"*. Es irrealista pensar que nunca vamos a transitar por una crisis en nuestra actividad como jefes. Ya que las crisis existen y son tan desagradables, debemos aprovechar lo único bueno que tienen: *las enseñanzas que nos dejan*. Y el proceso de aprendizaje de una crisis comienza con la aceptación de los errores que hayan influido en su génesis. Nunca aprenderemos de un error que no admitamos. Para aprender de un error hay que analizarlo y para analizarlo hay que reconocerlo plenamente en toda su diversidad. Analizar es descomponer algo en partes y estudiar esas partes en sus interrelaciones. No se puede descomponer en partes un todo que no hemos reconocido plenamente.

Aceptar un error de manera clara e inequívoca es la prueba de madurez y fortaleza mayor que puede dar un jefe que enfrenta una crisis. Hay que admitirlo primero internamente, a plenitud y después tener la valentía espiritual de reconocerlo públicamente, sin atenuantes. Parafraseando a Víctor Hugo, podríamos decir que cuando un jefe culpable reconoce su falta sin justificaciones vergonzantes, salva la única cosa que vale la pena salvar: el honor (5).

Notas
1) La expedición de la Fernandina, Estados Unidos, había sido organizada en secreto por José Martí invirtiendo recursos captados entre los emigrados cubanos y amigos de la independencia de Cuba

durante años. Constaba de tres buques que llevarían a Cuba a los principales jefes revolucionarios con suficientes armas, municiones y provisiones en general para garantizar una guerra corta y eficaz que trajera como resultado la obtención de la independencia de Cuba. Debido a una delación, la operación se frustró cuando ya estaban a punto de zarpar los buques, y estos fueron embargados por las autoridades norteamericanas, conjuntamente con la carga que debían transportar, lo que constituyó un gran fracaso. Pero Martí no se desanimó, hizo nuevos arreglos partiendo prácticamente de cero y logró que la guerra comenzara en la fecha programada.

2) Ernesto Che Guevara: *La guerra de guerrillas*, www.librodot.com

3) Igual sucede con los médicos. Un eminente cirujano británico explica que para él y para la mayoría de los cirujanos, aunque quizás no quieran admitirlo, la emoción y la ansiedad son una parte muy importante de la cirugía. Agrega que los cirujanos deben ser "buenos actores", y abunda *"Tienes que fingir que no estás ansioso. Es muy importante aparentar estar calmado y mostrarte seguro y reconfortante. No hay nada más aterrador para un paciente que un cirujano ansioso. Y ese es uno de los problemas de ser doctor: tienes que ser un buen actor, tanto con los pacientes como contigo mismo"* (Ver: Inma Gil Rosendo *La verdad es aterradora: los secretos de quirófano según el neurocirujano británico Henry Marsh*, BBC Mundo Salud, Enero 24, 2017).

4) Ver: José Luciano Franco: *Antonio Maceo, apuntes para una historia de su vida*, Editorial de Ciencias Sociales, La Habana, 1975 tomo 2 p 67.

5) Ver: Víctor Hugo: *El noventa y tres*, Editorial de arte y literatura, La Habana, 1975, p 399.

8. La filosofía: invisible pero clara

Un jefe debe tener una filosofía sobre la forma en que ha de trabajarse en su organización y los métodos a utilizar para lograr sus objetivos que, una vez discutidos y enriquecidos con los criterios de sus subalternos, constituirá la filosofía de la organización (1). Nada trasmite tanta inseguridad a un colectivo como un jefe impredecible que actúa de manera inconsistente, según su estado de ánimo.

En lo que se refiere a una empresa, su misión, visión y valores son componentes esenciales de su filosofía. Los manuales y normas escritas tienen un gran valor para regular y dar homogeneidad a los procedimientos de las operaciones cotidianas y reiterativas. Pero la filosofía es más que cualquier documento escrito relacionado con la actividad de la empresa. Es una forma de pensar y actuar que está impregnada de manera invisible pero muy clara en la mente y el ánimo de cada uno de sus miembros.

Sería imposible orientar minuto a minuto, a cada miembro del colectivo en cuanto a cómo actuar ante cada situación imprevista que se le presente, y la única forma de conjurar el riesgo de que lo hagan de una forma incoherente o contraria a los intereses de la entidad, es formulando una filosofía general que sirva de guía para la acción y haciéndola conocer a nuestros subordinados, para que se basen sobre ella en su quehacer cotidiano; sobre todo ante situaciones nuevas y en momentos y lugares donde no les es fácil realizar una consulta.

La filosofía de la organización no se impone mediante órdenes e instrucciones. Se explica, se discute, se analiza constantemente, es uno de los elementos que tienen que estar siempre presentes en nuestra comunicación verbal y escrita con nuestros subordinados. Tiene que ser clara y coherente, pues sería muy difícil transmitir una filosofía que no esté basada sobre principios fáciles de comprender y lógicamente entre lazados. Una filosofía que no tenga estas características sólo serviría como elemento de desorientación para nuestros subordinados, clientes, colegas y todo aquel que se relacione con la organización que dirigimos.

La mayor prueba de éxito que podemos tener en cuanto a que hemos logrado dotar a nuestro colectivo de una filosofía, es cuando tenemos un grupo de subordinados con personalidades y caracteres distintos que, ante un problema determinado, siguen una misma línea de razonamiento sin consultarse entre sí, tratando sólo de figurarse cómo actuar de manera tal que su posición se corresponda con la filosofía de la empresa.

En el objetivo de hacer comprender que se tiene una filosofía y transmitir su contenido, nada puede sustituir la fuerza del ejemplo. Es por eso que en cada uno de sus actos, un jefe debe cerciorarse de que está actuando consecuentemente con la filosofía que ha adoptado. Sólo se cree en algo teórico si quien lo expone lo avala con su conducta. Tenemos que hacerla llegar mediante el ejemplo, hablando, tratando un tema, decidiendo un conflicto, haciéndolo todo siempre de forma coherente y dentro de determinados principios que en su conjunto conformen esa filosofía.

Notas
1) A los efectos de este capítulo utilizo el vocablo filosofía para

referirme aun conjunto sistemático de razonamientos que sirvan para dar respuesta a una gran variedad de interrogantes.

9. La negociación: cuando razonable es mejor que perfecto

Negociar es coordinar nuestros intereses con otros. Discutir la forma de lograr un acuerdo sobre temas de mutuo interés. Hacer concesiones recíprocas para lograr una conclusión que nos satisfaga, distinta a la que nos habíamos propuesto originalmente respecto a un tema específico, cuya ejecución requiere necesariamente de la participación de otros, sobre los cuales no tenemos autoridad.

Un jefe tiene que aceptar la negociación como algo inherente a sus funciones. No es posible cultivar éxitos y alcanzar objetivos de trascendencia, sin transitar constantemente por los complejos caminos de la negociación.

La capacidad de análisis, la ecuanimidad y el sentido práctico son nuestros principales aliados en una negociación. La soberbia, el exceso de orgullo, la prepotencia, la cobardía, la impaciencia y las reacciones emocionales en general, nuestros principales enemigos. No se trata de ganarse una reputación de negociador duro que tiene muy poca utilidad práctica más allá de complacer a algún que otroególatra. Se trata de ser un negociador eficaz.

No creo equivocarme si digo que en una negociación nuestro adversario más poderoso no es el que está del otro lado de la mesa, sino nosotros mismos. Ninguna contrapartida nos podrá hacer tanto daño como nuestra falta de control o nuestra subestimación del contrario.

Un elemento esencial en toda negociación es nuestra capacidad de administrar nuestro propio silencio. No creo que exista otra forma mejor de asegurarse el fracaso al negociar, que hablar más de lo que resulte necesario para transmitir con claridad y brevedad nuestras ideas esenciales y hacer las preguntas específicas para conformarnos un juicio acertado de las posiciones de la otra parte. En cualquier negociación es fundamental saber qué piensa quien está frente a nosotros, cuáles son sus objetivos, cuáles sus limitaciones, qué espera de la negociación, qué límites tiene, cuáles son sus puntos débiles. Y todo esto nunca lo sabremos hablando nosotros. Lo conoceremos en la medida que tengamos la sabiduría y la voluntad necesarias para permanecer callados oyendo lo que tenga que decir nuestra contrapartida negociadora, tratando de atenderlo con la más exquisita concentración y haciendo preguntas ocasionales que coadyuven a lograr los propósitos mencionados. Recordar siempre un sabio concepto del padre del psicoanálisis, Sigmund Freud: *"Uno es esclavo de lo que dice, y dueño de lo que calla"*.

Un abogado canadiense de singular brillantez me dijo un día que el primer principio que él tenía en mente al determinar su conducta en un pleito, era considerar siempre que sus rivales eran al menos tan inteligentes como él y que tratar de hacerlos lucir como tontos mediante tretas y supuestas habilidades, sólo servía para irritarlos y poner a la vista nuestra propia debilidad. Pienso que este es un principio que debería aplicarse a cualquier negociación.

No puedo representarme otra forma de negociar con posibilidades de éxito que no sea plantearse objetivos razonables, identificar los puntos de mutua conveniencia que aconsejen a la otra parte aceptarlos, ser capaces de exponerlos con claridad, estar preparados para quedarnos por debajo de nuestras expectativas originales y trazar una línea divisoria infranqueable en el límite a partir del cual, ceder significa renunciar a un principio o infligirnos un daño mayor que el que podemos esperar si se rompe la negociación.

Un elemento clave antes de comenzar cualquier negociación, es sentirnos seguros en cuanto a la razonabilidad del límite mencionado y de nuestras posibilidades, para dar un *no* como respuesta, cuando este límite vaya a ser traspasado. Debemos tener claras las consecuencias de este *no* y estar dispuestos a asumirlas. De lo contrario, es preferible adoptar una posición más flexible. No hay nada que nos ponga en una posición más frágil en una negociación que decir "*es mi última posición*" y seguir negociando cuando esta no es aceptada. Quedamos prácticamente a merced de nuestra contrapartida. Los jefes más experimentados dedican un gran tiempo a definir este aspecto antes de comenzar a negociar. Oyen puntos de vista de sus subordinados, consultan con sus superiores, reflexionan. De esta manera se sienten seguros de que podrán decirle *no* a su contrapartida en una negociación, sin que le tiemblen los labios al pronunciar esta corta pero difícil palabra.

En la vida moderna, donde los conceptos de globalización e interdependencia nos ayudan a tener una idea bastante amplia y fidedigna de las características del entorno dentro del cual debe realizarse cualquier actividad, hay que aceptar que las posibilidades de imponer un punto de vista ocultando información o tratando de coaccionar con posiciones duras e inflexibles a quien está al otro lado de la mesa, son bastante limitadas.

Igualmente, la época en que se podía aspirar a estructurar negocios de manera relampagueante mediante una negociación exitosa ya pasó, si es que alguna vez existió. Podremos leer en la prensa especializada, en libros o simplemente escuchar historias de genios de los negocios que, mediante brillantes negociaciones, sellaron transacciones que los llevaron al éxito de un día para el otro. Pero también conocemos con frecuencia que tales negocios se convierten en estruendosos fracasos, y a veces, en sonados casos de corrupción y fraude. Podría decirse en torno al éxito en una negociación algo parecido a lo que Marx afirmaba respecto a las ciencias en el prólogo y nota final a la primera edición de *El Capital* en francés: *para llegar al éxito no hay calzadas reales, y quien aspire a remontar sus luminosas cumbres, debe estar dispuesto a hacer el tránsito por senderos escabrosos* (1).

Los comerciantes más hábiles, los ejecutivos más experimentados y, en general, las personas de mayor éxito que he conocido, nunca aspiran a concluir la transacción del siglo en una negociación. Tratan de obtener las condiciones normales a que, de acuerdo con las circunstancias prevalecientes, pueda aspirarse. Si se trata de una operación comercial, no aspiran a precios y condiciones sustancialmente mejores que los precios y condiciones del mercado. Saben que con los avances en las comunicaciones y el proceso de globalización de los mercados nadie haría con nosotros un negocio peor que el que pudiera lograr con otros. Sospechan de alguien que ofrezcan precios y condiciones mucho más ventajosas que las prevalecientes en el mercado.

Siempre recordaré que en los años setentas, cuando trabajaba en actividades comerciales marítimas, realicé una negociación mediante la cual, en un periodo de baja del mercado de fletes, conseguí precios y condiciones increíblemente ventajosas de un fabricante europeo para un importante contrato de suministro de contenedores. Nunca había recibido tantas felicitaciones. Mis colegas y superiores estaban maravillados de mis dotes como buen negociador. Me duró poco la felicidad. Las condiciones que obtuve resultaron tan desventajosas para el fabricante, que después de entregar una pequeña cantidad de contenedores fue a la quiebra, se interrumpió el suministro, y entonces tuvimos que salir al mercado desesperadamente para cubrir nuestras urgentes necesidades. Todos sabían que estábamos en apuros, y hubo que aceptar precios y condiciones muy desfavorables. Para mí, fue un temprano indicio de que es muy posible que *"una negociación perfecta"* se torne en nuestra contra más temprano que tarde. Durante los años posteriores, fui testigo de muchas situaciones similares, y llegué a la conclusión de que lo más sano es concentrar nuestros esfuerzos en tratar de obtener las condiciones razonables que prevalecen en el mercado. Así es como he visto actuar a las personas más sensatas que he conocido de diversos países y culturas, durante cinco décadas.

Por otra parte los negociadores inmaduros e inexpertos son propensos a tratar de evidenciar que tienen absoluta autoridad para tomar cualquier decisión sobre el tema objeto de la negociación. Los que tienen experiencia y fortaleza de carácter hacen exactamente lo contrario. Tratan siempre de dejar claro que sus facultades para negociar tienen ciertos límites, llegados los cuales deberán realizar consultas con instancias superiores a las cuales es preferible referirse impersonalmente. Y es ahí donde radica su poder: él es el vínculo entre la otra parte y quien puede tomar la decisión final. La otra parte de por sí nunca podría llegar a ese otro escalón. Ni siquiera lo tienen claramente identificado. Esto tiene otra clara ventaja. En el transcurso de una negociación, la otra parte puede demostrarnos la razonabilidad de un punto de vista perjudicial a nuestros intereses con argumentos indiscutibles. Si hemos dicho que tenemos absoluta autoridad, en tales circunstancias nos quedan sólo dos caminos: aceptar el punto de vista con el consiguiente perjuicio o rechazarlo con la terquedad como único escudo. Si por el contrario, hemos dejado claro que no tenemos la autoridad absoluta para tomar cierto tipo de decisión, ése es el momento perfecto para decir *"su planteamiento a primera vista parece razonable, pero debo analizarlo y someterlo a consulta"* y poder entonces estudiarlo con más detenimiento, buscar alternativas, revisar objetivos, etc. antes de llegar a una conclusión final. Un importante ejecutivo norteamericano explica que en cualquier nueva situación de los negocios cuando alguien le dice: *"Aquí soy yo quien toma las decisiones"* y tiene razones para creer que es cierto, empieza a saborear su triunfo, pues ya ha evacuado su primera línea de defensa.

Y todo esto no es sólo una cuestión táctica, en realidad es un principio que no debe violarse. Quien negocia no debe ser nunca quien tenga la máxima autoridad. Las negociaciones son con otros seres humanos, sobre los cuales nos formamos juicios, nos llegan a simpatizar o a causar un efecto negativo, se experimentan emociones que después influyen sobre nuestro ánimo. Hay negociaciones que sencillamente nos agotan y en ocasiones podemos querer terminarlas para acabar con una situación que no sabemos cómo concluir, simplemente rompiéndolas o mediante un acuerdo irrazonable con la otra parte. Todo esto puede influir negativamente en nuestras decisiones respecto a los temas que están siendo negociados. Sin embargo, cuando el que toma las decisiones no está directamente involucrado en la negociación, se mantiene a salvo de todos estos efectos y de los riesgos que implican, y está en posición de decidir fríamente, teniendo en cuenta los méritos de cada punto de vista y sin sentirse influido por emociones o sentimientos, que tan malos consejeros pueden ser cuando de llegar a las conclusiones más convenientes y razonables sobre una negociación se trata.

Siempre recuerdo el caso de un avión secuestrado por terroristas en un país del Mediterráneo, en el cual el presidente de ese país se trasladó a la torre del aeropuerto para hacer la negociación directamente. Un alto diplomático europeo comentó en esa ocasión que ese era el más terrible error que se podía cometer, por cuanto no se dejaba margen para la reflexión y la consulta. Los trágicos resultados del caso constituyen una ratificación de los puntos de vistas que he expresado.

En cualquier negociación en el ámbito internacional, debemos tener presente las características específicas del país donde radica nuestra contrapartida negociadora y su cultura. Es imprescindible que nos interesemos en conocer al menos sus aspectos básicos, si es que queremos alcanzar el éxito en nuestros objetivos. Esta puede ser una tarea muy difícil, Por ejemplo, negociar con empresarios japoneses es algo complicado para un latinoamericano, en tanto los conceptos de los hombres de negocio japoneses difieren considerablemente de los que son comunes en el mundo occidental. Se debe entender el significado de *nemawashi* que se refiere a la práctica de llevar adelante un proceso de persuasión para lograr un consenso en una compañía antes de tomar ciertas decisiones; hay que tener presente que nuestra contrapartida japonesa siempre va a preferir los eufemismos en vez de hablar un lenguaje claro y directo; evitarán decir que no tajantemente a una propuesta que no están dispuestos a aceptar, y debemos recordar que en una negociación no se trata solamente de convencer al que está negociando, sino también de proveerlo con argumentos que le permita defender nuestra idea ante su equipo. Estas son algunas de las grandes diferencias entre los hombres de negocios japoneses y los estadounidenses y europeos. Además, en el caso de estos últimos, ser un líder fuerte y carismático que se destaca sobre el resto en una negociación y logra ejercer su influencia, es un rasgo positivo. Mi experiencia es que en Japón no es así. La característica de los hombres de negocio de ese país con que he tratado no es su capacidad de tomar grandes decisiones asumiendo unipersonalmente los riesgos ni de sobresalir individualmente, sino su paciencia y perseverancia para construir un consenso en su colectivo, alrededor de un proyecto que consideran razonable, lo cual puede dilatar o hacer más difícil una negociación. Todas estas características, pueden traernos grandes confusiones y llevarnos a adoptar posiciones equivocadas, si no logramos entender que no se trata de posturas que nuestra contrapartida adopta para complicar las cosas ni como una táctica de negociación, sino que constituyen rasgos inherentes a sus raíces culturales (2).

Un principio inviolable sobre cuya validez tuve amplias evidencias durante el periodo en que me desempeñe como corredor en el *Baltic Exchange* de Londres es que nunca debemos negociar contra nosotros mismos (*never bid against yourself*). En una negociación seria, una vez que hacemos una oferta, el siguiente paso debe siempre ser que la otra parte haga una contraoferta, -si es que esta tiene intenciones reales de llegar a algún acuerdo-. Cuando su reacción a nuestra oferta es el silencio o el insulso argumento de que *aun estamos muy lejos de sus expectativas y no tiene sentido dar una contraoferta*, esto es un indicio de que las cosas no van bien y que es posible que la otra parte solo esté interesada en conocer nuestras mejores condiciones para usarlas en sus negociaciones con otros o con algún otro propósito análogo. En estos casos, debemos insistir en que ya dimos nuestra oferta y que lo equitativo y razonable es que la otra parte también lo haga, al menos para saber cuan distantes estamos. Nuestro interés en llegar a algún acuerdo nunca nos debe llevar a hacer una mejor oferta, pues lo más seguro es que la otra parte repita sus argumentos y esto nos pondría en la poco auspiciadora situación de estar negociando contra nosotros mismos (*bidding against ourselves*) que es característica de diletantes y resulta rayana en el ridículo.

Si todo va bien, el final de una negociación debe ser que se logre un acuerdo sobre el asunto o negocio de que se trate. Cuando llegue ese esperado y muchas veces ansiado momento, debemos ser capaces de controlar nuestras emociones. Si el final no complace todas nuestras expectativas, que es lo más normal, no tiene sentido expresar nuestro disgusto ni verbalmente ni con nuestro lenguaje corporal. Eso solo sirve para trasmitir una imagen de frustración, inmadurez y descontrol sobre nosotros mismos que en nada nos ayuda en nuestras futuras relaciones con la contrapartida. Tampoco es recomendable demostrar euforia, pues en este caso el mensaje que estamos dando es que logramos llevar a la otra parte a un punto que excedió nuestras metas, que obtuvimos alguna ventaja oculta de la cual el otro no se percató, que esperábamos un desenlace peor, y otros por el estilo. Lo más razonable en ese momento es actuar sobriamente, darle las gracias a la otra parte, preparar y revisar cuidadosamente los documentos correspondientes para estar seguro que expresan lo que ha sido acordado en todos sus detalles, proceder a su firma, comenzar a hablar sobre los pasos que hay que dar para poner en práctica lo acordado y sobre otros temas, preferentemente aquellos asociados a nuestras futuras relaciones.

En cuanto a la esencia de las negociaciones, en cierto libro sobre técnicas de dirección leí en una ocasión que negociar es un mal necesario, y que es la antítesis de una comunicación, honesta y abierta. Aún cuando comparto el criterio de que lo más fácil para llegar a conclusiones sobre un tema entre dos seres humanos o dos grupos de seres humanos con intereses distintos, sería comunicarnos abiertamente, no estaría de acuerdo con la idea que negociación y honestidad son dos conceptos contrapuestos. No ayuda a la moral del que negocia asumir que está haciendo algo deshonesto. Creo que un negociador maduro e inteligente puede defender los intereses que representa sin traspasar los límites que lo harían sentirse actuando deshonestamente, aún cuando acepte que para eso se requiere un alto grado de profesionalidad y fineza de tacto.

Notas

1) En el prólogo y nota final a la primera edición en francés de *El Capital*, Marx explicaba que el método de análisis que él empleaba podía hacer que la lectura de los primeros capítulos resultase bastante penosa y alertaba: "*cabe el peligro de que el público francés*

impaciente siempre por llegar a los resultados, ansioso por encontrar la relación entre los principios generales y los problemas que a él directamente le preocupan, tome miedo a la obra y la deje a un lado, por no tenerlo todo a mano desde el primer momento. Yo no puedo hacer otra cosa que señalar de antemano este peligro y prevenir contra él a los lectores que buscan la verdad. En la ciencia no hay calzadas reales y quien aspire a remontar sus luminosas cumbres tiene que estar dispuesto a escalar la montaña por senderos escabrosos." (Carlos Marx: *El Capital*, Ediciones Venceremos, La Habana, 1965, Tomo 1, p XXXIII).

2) Estas observaciones están basadas fundamentalmente en mis experiencias personales durante muchos años de relaciones con ejecutivos japoneses, y también consulté Masami Atarashi: *A primer for Japanese business success*, The Japan Times, Tokio, 1994, que es una obra que recomiendo a quien esté interesado en conocer con más profundidad sobre la cultura japonesa en los negocios.

10. La decisión: ¿consejos o instintos?

Decidir es optar por una línea de acción que se asume voluntariamente ante más de una alternativa. Para que haya decisión tiene que haber más de una posibilidad de actuar. Cuando no tenemos alternativas o alguien nos compulsa a hacer algo, no se puede hablar de decisión. Decidir es algo inherente a la función de un jefe. La capacidad de hacerlo puede perfectamente hacer la diferencia entre alguien apto para ejercer una jefatura y otro que no lo está.

Las decisiones siempre se relacionan con el futuro. No se decide lo que ya pasó. El futuro nunca es del todo predecible y por tanto cuando se decide, se corre el riesgo de que la evolución que tengan los acontecimientos y el resultado real de nuestra decisión no se correspondan con el que esperábamos. Consecuentemente, el riesgo es algo consustancial a la decisión. Quien no sepa asumir riesgos no sabe decidir. No decidir es suicidarse como jefe. Esta línea de razonamiento nos lleva a la idea ya expresada de que un jefe debe sentirse cómodo ante el riesgo. Debe asumirlo como algo necesariamente asociado a su condición de jefe.

Y no puede olvidarse que, según sea la dimensión del riesgo a que estemos expuestos, así será la magnitud del desastre o del éxito que tengamos en nuestra gestión. En términos financieros, por ejemplo, esto tiene una expresión numérica muy clara: a mayor riesgo de un negocio, mayores son las tasas de interés, así como las ganancias a que se aspiran y mayores también las posibilidades de pérdidas si algo sale mal.

En términos de prestigio para el jefe, no se puede cuantificar esta fórmula, pero funciona igual. Los jefes que asumen grandes riesgos son generalmente los que obtienen grandes éxitos, pero también los que a veces provocan grandes desastres. Actuando prudentemente se pueden minimizar las posibilidades de un gran desastre, pero no hay fórmulas exactas para librarnos del todo de esa posibilidad. Si estamos en pos de hacer cosas nuevas o importantes, debemos entender que siempre tendremos riesgos proporcionales a nuestras grandezas de miras.

Las decisiones para ser eficaces deben ser oportunas, no hay mayor ni más costoso autoengaño que dilatar una decisión en el tiempo, auto convenciéndonos de que aun no tenemos todos los elementos para tomarla. Según José Ingenieros "*Mañana es la mentira piadosa con que se engañan las voluntades moribundas*" (1).

Colin Powell nos dice en su autobiografía que ha desarrollado una filosofía de toma de decisión, que consiste en obtener toda la información que pueda y entonces dejarse llevar por sus instintos. Explica que todos tenemos cierta intuición y mientras más viejos nos hacemos más creemos en ella.

Sobre la importancia de los instintos en la toma de decisiones, tuve una interesante experiencia en los años ochentas. Por aquella época yo trabajaba en Londres en actividades comerciales, marítimas y financieras. Una cuestión que resultaba de mucho interés para mí era cómo los armadores griegos decidían cuando era el momento indicado para comprar o vender buques. No conozco ningún otro caso de operadores en la actividad marítima que tengan un nivel tal de precisión para decidir oportunamente cuándo invertir en la compra de buques y cuando venderlos. En un negocio como el marítimo, donde los periodos de alza y baja del mercado de fletes son tan inesperados y dramáticos, tener esa habilidad de identificar el momento oportuno para realizar una transacción de compra o de venta de un buque, es una cualidad muy valiosa. Yo le hacía una pregunta a muchos armadores griegos: *¿Cuándo y cómo toma usted la decisión de comprar o vender un buque?* Obtuve muchas respuestas interesantes, pero ninguna como la que me dio uno de ellos, que era precisamente uno de los que operaba con mayor éxito en el mercado: "*Cuando recibo una luz desde arriba*" me contestó con absoluta convicción. Me resultó claro que al hacer esta afirmación, no se estaba refiriendo a una noción religiosa o sobrenatural. Sin dudas, lo que quería decir es que para decisiones complicadas e importantes, el examinaba toda la información disponible, como recomienda Colin Powell, y en un momento dado actuaba de acuerdo con sus instintos. Pero hay algo que debe tenerse en cuenta para no llegar a conclusiones festinadas: estos no eran los instintos de cualquiera. Eran los instintos de un hombre extremadamente talentoso con profunda experiencia en materia de negocios y con la capacidad de decidir sin dejar que sus emociones influenciarían sus determinaciones.

Siempre existe un límite en cuanto al tiempo que disponemos para analizar las posibilidades de éxito de una decisión, y cuando éste es rebasado, corremos el riesgo de que la vida se encargue de decidir por nosotros, y en este caso se pierde la posibilidad de influir en los acontecimientos.

Una vez que se decide hay que atenerse a las consecuencias y ser firmes en la implementación de la decisión tomada. Nada crea más desconfianza en un jefe que introducir un cambio brusco prematuro en una decisión ya tomada. *La contraorden es la madre del desorden*, dice un adagio muy popular entre los Capitanes de buques, que en muchas ocasiones me ha probado su validez. Es por eso que resulta tan importante que hayamos analizado de antemano los aspectos negativos de una decisión y llegado a la conclusión de que estamos dispuestos a enfrentarlos. Esto no quiere decir que según los acontecimientos nos vayan indicando, no podamos ir haciendo ajustes en la forma de implementar la decisión tomada, sin desistir del objetivo final; como un piloto que altera el rumbo para evitar una turbulencia severa sin dejar por eso de aterrizar en el aeropuerto de destino.

Aún cuando las decisiones se toman casi diariamente de manera aislada, los jefes que tienen una mente racionalmente estructurada, dan coherencia al conjunto de decisiones que toman, de manera que éstas se enmarquen dentro de su filosofía. Toda decisión debe ser siempre referida a nuestra filosofía, y cuando esto no sucede, debemos entonces preguntarnos si es que hay algo en esta última que deba ser objeto de revisión o estamos incurriendo en la grave falta de actuar de manera inconsecuente.

Debemos siempre tener en cuenta que las decisiones son más complejas mientras más largo sea el plazo en la cual deben tener efecto. En este sentido, John Maynard Keynes, refiriéndose a las decisiones de inversión a largo plazo alertaba que "*los hechos propios de la situación presente, entran desproporcionalmente en la formación de nuestras expectativas a largo plazo, siendo nuestra costumbre fijarnos en la situación actual para proyectarla al futuro*" (2). La única forma de neutralizar esta desproporción al formarnos un criterio que nos conduzca a una decisión razonable, es recordando que la magnitud y ritmo de los cambios en la actividad humana siempre sobrepasan nuestras capacidades de previsión. Por lo tanto, una decisión a largo plazo, debe tomar la situación actual sólo como punto de referencia- nunca como escenario estático dentro del cual tendrá que implementarse lo que se decide-, y debe tratar de simular tantos escenarios probables como nuestras posibilidades de obtener información y procesarla imaginativamente nos permita.

Asimismo, debemos siempre recordar las siguientes palabras del notable consultor holandés en temas de dirección Peter Drucker: *"Por lo común, la gente cree que cuando se ha tomado una decisión eso es todo, pero no han hecho nada. Hasta ese punto, solo son buenas intenciones. Solo se tiene una decisión cuando alguien es responsable de su implantación, con una meta y una fecha límite"* (3).

Un aspecto adicional a considerar cuando nos enfrentamos a una toma de decisión, es que no siempre podemos optar entre acciones que esperamos tengan buenos resultados y otras que consideramos traerán malos resultados. Todo sería más fácil si siempre tuviéramos una alternativa mala y otra buena. Pero no es así como funcionan las cosas en la vida real. Muchas veces nos veremos obligados a hacer algo que tendrá consecuencias negativas para evitar males mayores. Un eminente cirujano británico autor de un *best seller* en el que explica las complejas decisiones a que debe hacer frente los cirujanos en su carrera, expone que a veces tienen que decantarse por lo que en la jerga médica llaman "sacrificios": causar cierto daño para prevenir un daño aún más grande. En su libro describe, por ejemplo, el caso de una mujer a la que le salvaron la vida extirpándole un tumor cerebral benigno, pero en el proceso la habían dejado con un dolor facial crónico. *"Ese es un tipo de decisión que tomas antes de la operación"*, explica (4). En una empresa, las decisiones no se refieren comúnmente a situaciones como esta, en las que está involucrada la vida de un ser humano, pero ciertos casos pueden tener consecuencias financieras que determinen, incluso, la existencia de la propia empresa.

En relación con este asunto, siempre recuerdo un viejo proverbio que escuché por primera vez en la *City* (sector financiero) de Londres, el cual aconseja "no lanzar dinero bueno tras dinero malo" (*do not throw good money after bad money*). O sea, que el natural rechazo o temor que nos produce tener que aceptar un resultado negativo (perder dinero por malas decisiones anteriores) nunca nos debe llevar a incurrir en acciones que traigan resultados aún peores (pérdidas adicionales por nuevas malas decisiones) En otras palabras, hay que aceptar que existen coyunturas en las cuales se deben tomar decisiones difíciles que tendrán resultados negativos pero evitan males mayores, y hay que tener la suficiente entereza de carácter para hacerlo, sin ignorar que en estos casos habrá que enfrentar incomprensiones, ataques y críticas no siempre constructivas.

Otro aspecto de mucha relevancia asociado al proceso de toma de decisiones, es el fino equilibrio que debe existir entre la conveniencia de someterlas al juicio colectivo y la necesidad de obrar de manera expedita, evitando demoras que nos pueden hacer perder grandes oportunidades. La idea de someter todas aquellas decisiones que sea posible al análisis colectivo es sin dudas muy positiva. La política de trabajar ordenadamente, con racionalidad, colegiadamente y sobre la base de estudios integrales, tiene un sustento lógico y en el contexto de un análisis abstracto, sustraído de las complejidades de la vida diaria es formidable. Sin embargo, como sucede con todo, es necesario también valorar sus efectos colaterales indeseados como consecuencia de una actitud extraordinariamente conservadora de las personas involucradas en esos procesos que pueden sentir un exagerado temor a equivocarse, y adoptar una posición demasiado pasiva y conservadora ante los normales riesgos que están implícitos en cualquier decisión. De manera que una política de dar una prioridad exagerada a los métodos de toma de decisión en los que prevalezcan el análisis colectivo, pudiera tener dos resultados: uno positivo y otro negativo. El positivo es que se analice microscópicamente cada decisión y se logre evitar errores. El negativo: que se deje pasar muchas buenas oportunidades o se dilate la solución de problemas que a veces pueden ser graves.

Además, la dinámica actual de la economía internacional es de tal complejidad y rapidez, que ni el análisis más detallado nos va a garantizar tomar decisiones que posteriormente no tengan el resultado que esperamos y que haya que ajustarlas sobre la marcha. Sin dudas los análisis numéricos y las decisiones colegiadas son necesarias y deben tenerse en cuenta. Pero no debemos perder de vista que en muchas ocasiones se requiere que la energía y la valentía para tomar decisiones, la disposición de asumir riesgos y los instintos de los jefes con experiencia jueguen su papel y disminuyan los plazos para llegar a una decisión. Este no es solamente mi criterio personal, el más brillante economista del pasado siglo, John Maynard Keynes, profundizó en el análisis sobre este tema y nos dejó las siguientes reflexiones:

"(….) Si la naturaleza humana no sintiera la tentación de

probar suerte, ni satisfacción (abstracción hecha de la ganancia) en construir una fábrica, una mina o una hacienda, no habría mucha inversión como resultado simplemente de cálculos fríos.

(....) gran parte de nuestras actividades positivas dependen, más del optimismo espontáneo que de una expectativa matemática

(....) Quizás la mayor parte de nuestras decisiones de hacer algo positivo, cuyas consecuencias completas se irán presentando en muchos días por venir, solo pueden considerarse como resultado de la fogosidad, de un resorte espontáneo que impulsa a la acción de preferencia a la quietud, y no como consecuencia de los beneficios cuantitativos multiplicados por las probabilidades cuantitativas.

(....) si la fogosidad se enfría y el optimismo espontáneo vacila, dejando como única base de sustentación la previsión matemática, la "empresa" se marchita y muere, aunque el temor de perder puede tener bases poco razonables como las tuvieron antes las esperanzas de ganar.

(....) la iniciativa individual solamente será adecuada cuando el cálculo razonable esté apuntalado y soportado por la energía animal

(....) No debemos deducir de esto que todo depende de oleadas de psicología irracional

(....) Estamos simplemente acordándonos de que las decisiones humanas que afectan el futuro, ya sean personales, políticas o económicas, no pueden depender de la expectativa matemática estricta, desde el momento que las bases para realizar semejante cálculo no existen, y que es nuestra inclinación natural a la actividad la que hace girar las ruedas escogiendo nuestro ser racional entre las diversas alternativas lo mejor que puede, calculando cuando hay oportunidad, pero con frecuencia hallando el motivo en el capricho, el sentimentalismo

o el azar" (5).

Solamente habría que añadir que desde que Keynes escribió estas páginas en la década de los treinta del siglo pasado, hasta el día de hoy, los procesos comerciales, financieros y económicos en general han multiplicado exponencialmente su rapidez, lo cual no puede ignorarse.

Un amigo mexicano me dijo un día que el General Porfirio Díaz afirmaba que cuando él quería que algo se hiciese rápidamente lo hacía él personalmente, que cuando quería que algo se demorara se lo encargaba a un subordinado y que cuando quería que no se hiciera nombraba una comisión para que lo estudiara. No llego a esos extremos en mis criterios sobre este tema, pero estoy persuadido de que todo jefe debe cuidarse de no involucrar a demasiadas personas en los procesos de toma e implementación de decisiones, para evitar la frustración de verse un día flotando en el plácido pero estéril mar de la inacción.

Notas
1) "*La vida humana es gimnasia incesante de funciones armónicas. Deber natural del hombre es ejercitar su brazo y su mente; quien viola ese deber comete una inmoralidad. Los órganos se amodorran y el espíritu se envilece. La inercia apoca la vida de los holgazanes, tornándolos incapaces de hacer cosa alguna para sí mismos. Cruzarse de brazos ante un mundo moral que incesantemente se renueva, es suicidarse; es morir de sed junto a las fuentes de la vida. (….) Para aprender de nuevo a ejecutar lo que se piensa es necesario olvidar la palabra "mañana" Ahora o nunca. Mañana es la mentira piadosa con que se engañan las voluntades moribundas.*" (José Ingenieros: Las fuerzas morales, Editorial Almanueva, Buenos Aires, 1956 p 17).
2) Sobre este tema, Keynes agregaba que "*El estado de expectativas a*

largo plazo que sirve de base a nuestras decisiones, depende, por tanto, no solo de los pronósticos más probables que podamos realizar, sino también de la confianza con que hagamos la previsión, de que magnitud estimamos la probabilidad de que nuestro mejor pronóstico sea por completo equivocado. Si esperamos grandes modificaciones pero estamos muy inseguros sobre la forma precisa en que ocurrirán, entonces nuestra confianza será débil" (John Maynard Keynes: *Teoría general de la ocupación, el interés y el dinero*, Fondo de cultura económica, México D.F., 1984 p 136).

3) Sobre este mismo asunto Peter Drucker agrega: "*Uno se pregunta: ¿Qué tiene que ocurrir en nuestra empresa sino en el mercado para que esta decisión resulte la correcta? ¿Qué resultados necesitamos detectar?; y solo entonces puede decir que tiene una decisión. Pero aún así, se pierde si no se convierte en trabajo duro, si se queda en buenas intenciones y brillantes declaraciones. Toda decisión es un compromiso para la acción. Al final del proceso de la misma tiene uno que plantearse ¿A quién corresponde ahora este trabajo?*" Peter Drucker: *El Empresario de la Nueva Era*, Compañía Editorial Continental S. A. México, 1979, p 95).

4) Ver: Inma Gil Rosendo BBC Mundo, Salud: *La verdad es aterradora: los secretos de quirófano según el neurocirujano británico Henry Marsh,* Enero 24, 2017.

5) John Maynard Keynes: Obra citada pp 137,138, 147 y 148.

11. Bien informado: no es igual a muy informado

Las posibilidades de resolver cualquier problema, de alcanzar un objetivo, de conseguir algo que deseamos, están siempre directamente relacionadas con el volumen, la certeza y la oportunidad de la información que logremos obtener, con respecto a ese problema, ese objetivo o ese algo en general.

Si estamos enfermos y acudimos a un doctor, lo primero que hace éste después de dar los buenos días es preguntar: *"¿Qué se siente?"* y a partir de nuestra respuesta inicial, hace otras muchas preguntas, ordena pruebas, e investiga, con el propósito de obtener información adicional. Si tenemos un problema legal y acudimos a un abogado, lo primero que éste nos dirá, incluso, antes de decidirse a aceptar el caso, será: *"Cuénteme con lujo de detalle todo lo relacionado con el problema."* De la exactitud de la información que le trasmitimos al doctor o al abogado y de la oportunidad, certeza y cantidad de ésta que puedan conseguir adicionalmente, dependerán sus posibilidades de servirnos con eficacia.

Con su proverbial capacidad de resumir conceptos vitales con muy cortas palabras Martí dijo: *"Conocer es resolver"* (1). Oír opiniones, analizar, suponer, hacer hipótesis, son todas acciones útiles y que debemos estimular, pero carecen de contenido práctico si nuestro conocimiento sobre los hechos es inexacto o insuficiente, o si no somos capaces de protegernos de la omnipresente cualidad de los seres humanos de transmitir versiones sesgadas de estos, con un grado de desviación de la realidad, a veces muy grande, determinado por la incapacidad, el temor o por otros factores emocionales de diversa índole. Debemos tener presente que estas imprecisiones en el tratamiento de la realidad no son siempre voluntarias. En un interesante libro sobre el cerebro humano, se explica cómo al observar una escena percibimos una pequeña parte de forma consciente que se corresponde a lo que más nos interesa o emociona y al cabo de unas horas la mayoría de estas percepciones se han borrado, quedando solo una niebla de recuerdos de los que sobresalen algunos aspectos que se vinculan con otras experiencias que ya están en la memoria. Se hace una selección individual del recuerdo a partir de la personalidad y experiencia, y yo agregaría que también de los intereses, de cada cual, pues a esta niebla-recuerdo se añaden datos memorizados de forma consciente y, a su vez, puede revestirse el conjunto con sensaciones y fantasías almacenadas en nuestra mente (2). Por todas estas razones, resulta vital que seamos capaces de proveernos de canales de información fidedignos que nos permitan tomar decisiones sobre la base de datos que se ajusten rigurosamente a la realidad.

Muy pocos discreparían si se afirma que en la historia reciente de los seres humanos nada ha evolucionado más aceleradamente que su capacidad para almacenar, procesar y transmitir información. Un rasgo característico del momento actual de este proceso es la fusión entre las técnicas de computación y las comunicaciones. En la actualidad los medios de computación invaden las redes de comunicación y no pueden ya concebirse sin la posibilidad de interconectarse con éstas.

Por otra parte, la incorporación de sofisticados recursos audiovisuales a las computadoras personales unido al crecimiento de las redes de trasmisión de datos, han logrado capacidades que han revolucionado las vías tradicionales de difusión de información.

Agréguese a esto, que uno de los pocos equipamientos cuyo costo se reduce en el tiempo, es el equipamiento de procesamiento de información, puesto que la inversión principal para su producción es aquella relacionada con la investigación y es, por tanto, rápidamente amortizable a partir de la introducción de sus resultados mediante la producción de cantidades colosales de equipamiento que requieren un mínima cantidad de medios materiales (piezas en miniatura de silicona, plástico y ciertos metales.)

En este contexto, resulta esencial que entendamos con absoluta claridad que en el mundo de hoy corresponde a nosotros mismos determinar qué información necesitamos y procurárnosla para poder lograr nuestros objetivos.

Con la información sucede como con la alimentación del ser humano. Quien goza de mejor salud no es el que ingiere más alimentos, sino quien se alimenta mejor. Comer mucho no es sinónimo de buen juicio. Lo racional es comer aquello que sea beneficioso y nutritivo en las cantidades que nuestro organismo requiere para realizar bien sus funciones. Igualmente, recibir mucha información no es sinónimo de estar bien informado. Lo sensato es obtener la cantidad y calidad de información que necesitamos para cumplir correctamente con nuestras funciones.

En la organización que dirigimos se almacena, procesa y trasmite información. Igual pasa a escala local, nacional e internacional. De todo este inmenso "arsenal" de información debemos extraer "sólo y precisamente" la cantidad y tipo de información que necesitamos, y cerrar las vías a la que no necesitamos. No hay forma más común de perder algo tan precioso y no reproducible como es el tiempo, que permitiendo que otros decidan por nosotros qué información nos hacen llegar y nos abrumen con datos, cifras, informes y dictámenes distintos a los que precisamos para tomar las decisiones necesarias a fin de alcanzar nuestros propósitos.

Siendo éste un concepto tan claro, es sorprendente ver el poco tiempo que muchos jefes utilizan para estructurar su sistema de información y hacer que este funcione, y constatar cómo permiten que sean otros quienes determinen de manera espontánea cuál es la información que deben "*consumir*". Por ejemplo, conozco muy pocos jefes que instruyan concretamente a sus subordinados cual es la información que deben enviarle y le prohíban que le hagan llegar otra distinta sin una consulta previa.

Nada hay más peligroso que permitir que datos o noticias de verdadera importancia, que deberíamos recibir de manera breve, individual y clara, se nos ofrezca confusamente en un mar de detalles que no nos interesan y que pueden desviar nuestra atención, con lo cual teóricamente hemos sido informados, y por tanto hemos asumido las responsabilidades que de este acto se derivan, sin haber identificado la esencia del dato o noticia relevante. Resulta por tanto vital, que eduquemos a nuestros subordinados de manera que en cada caso nos trasmitan sólo lo sustantivo y esencial en un lenguaje simple, claro y directo.

Debe tenerse en cuenta que los informes largos y confusos, donde lo fundamental se entrelaza con lo superfluo, son fáciles de hacer; mientras que una síntesis para transmitir lo primordial de un hecho de una manera breve y precisa, toma tiempo y trabajo. Cierta vez leí que en una larga carta de Winston Churchill incluyó la siguiente postdata: *"Perdóneme por haberle escrito una carta tan larga, pero no tuve tiempo para escribirle una corta."* No debemos entonces sorprendernos por la tendencia de nuestros subordinados de enviarnos documentos interminables y abigarrados, pero hay que hacerles ver que cuando actúan de esta forma están ahorrando su tiempo a cambio de malgastar el nuestro, evitándose esfuerzos y haciéndonos usar los nuestros para sustituir los que ellos se ahorran.

Todo jefe debe ser consciente de las limitaciones de los canales oficiales de información, los cuales son un instrumento útil para *pre- elaborar* las realidades con el objetivo que el jefe las perciba de la manera que los encargados de estos canales consideren adecuada.

En mis primeros tiempos como Ministro-Presidente del Banco Central de Cuba, siempre me preocupaba que cuando visitaba alguna sucursal bancaria para tener una idea directa de la eficiencia del sistema bancario que pudiera contrastar con la información que normalmente recibía por los canales oficiales, me acompañaban o esperaban en el lugar un número tal de personas ajenas a la sucursal (dirigentes de la zona, distintos dirigentes del propio Banco Central y del banco comercial al cual pertenecía la sucursal, etc.) que me parecía que en medio del escenario que se creaba con mi visita, no era posible tener una percepción fidedigna de la realidad cotidiana del trabajo de la sucursal. Además, se perdía uno de los aspectos de más relevancia en cualquier conversación: la espontaneidad en el lenguaje corporal, que muchas veces trasmite más y mejor información que el lenguaje verbal (3). Sucedió que en una de estas visitas, a la salida de la sucursal vi una aglomeración de personas a unos cincuenta metros de la entrada de esta. Por puro instinto fui hacia ellas y les pregunté qué hacían allí. La respuesta fue cándida y espontánea *"Nos pidieron que nos quedáramos aquí, porque están esperando una visita del Ministro-Presidente del Banco Central y no quieren que haya mucha aglomeración en la sucursal"*. Desde ese día, procuré siempre hacer las visitas solo, sin aviso previo y totalmente fuera de los canales y protocolos oficiales. Creo que esto me ayudó extraordinariamente a tener una idea más real sobre el funcionamiento del sistema bancario en la base.

De especial utilidad para diversificar nuestros canales de información resulta el contacto con los jóvenes. La juventud es proclive a expresar sus criterios con sinceridad, audacia, espontaneidad y simpleza. Generalmente no temen a parecer irreverentes (por el contrario muchas veces lo disfrutan) ni se preocupan demasiado por las consecuencias que les puede traer exponer un criterio que sea contrario al del jefe o al de la mayoría. Precisamente uno de los aspectos negativos de la experiencia acumulada durante años, que ciertamente tiene otros muy positivo, es que en algunos casos puede conducir a los seres humanos a actuar con demasiada cautela, lo cual llevado al extremo, termina por hacer que las personas no expongan sus verdaderos puntos de vista con claridad y franqueza. Los jóvenes, que tienen la desventaja de carecer de experiencia, tienen por otra parte la gran ventaja de ser genuinos y actuar coherentemente con lo que piensan. De manera que el acercamiento a los jóvenes siempre nos va a ayudar a estar mejor informados. Como dijo el Primer

Magistrado en su ilustrativa entrevista con El Estudiante en *El Recurso del Método* recordando la frase de un poeta francés: *"Más aprendo con un joven amigo, que con un viejo maestro"* (4).

Notas

1) *"...el que pone de lado, por voluntad u olvido, una parte de la verdad, cae a la larga por la verdad que le faltó, que crece en la negligencia, y derriba lo que se levanta sin ella. Resolver el problema después de conocer sus elementos, es más fácil que resolver el problema sin conocerlos. (...)Conocer es resolver."* José Martí, *Nuestra América, Obras escogidas* Tomo 2, Editorial de Ciencias Sociales, La Habana, 2000 pp 482-3).

2) *"El proceso de falsificación (de lo realmente ocurrido) se amplía cada vez que una memoria es recordada. Cuando repasamos cosas pasadas, les agregamos cosas, perdemos cosas, ajustamos un hecho aquí, arreglamos una cita allá y llenamos cualquier pedacito que se pueda haber borrado. Podemos adornar conscientemente el recuerdo con un poco de fantasía, el comentario mordaz que queríamos haber dicho, pero que en realidad solo pensamos más tarde. Entonces volvemos a meter en el almacén esta nueva versión "reeditada". La próxima vez que se la quiera ventilar un poco, tal vez aparezca con la fantasía del inexistente comentario pegada y esta vez será más difícil distinguirla de la memoria "genuina". De manera tal que mediante una mutación gradual, nuestras memorias cambian."* Tomado de: Nolasc Acarin: *El cerebro del rey*, RBA Libros S.A., Barcelona, 2002 pp 204-5).

3) En *Guerra y paz*, Tolstoi explica como en medio de la histórica y dramática batalla de Borodino, el Jefe del ejército ruso, el Generalísimo Kutuzov *"escuchaba los informes que se le daban, daba órdenes cuando sus subordinados se las pedían; pero cuando oía los informes parecía no interesarle el sentido de las palabras que le decían, sino alguna otra cosa, como la expresión del rostro y el tono de la voz de los que le hablaban."* Leon Tolstoi: *Guerra y paz,*

www.edu.mec.gub.uy/biblioteca, p 206.
4) Ver: Alejo Carpentier: *El recurso del método*, Editorial de arte y literatura, La Habana, 1974 p 288.

12. Con su tiempo: tacaño

Si me preguntaran cuales son los dos recursos más importantes que el hombre malgasta durante el transcurso de su vida, no dudaría en contestar que son la salud y el tiempo.

En cuanto a la salud, es increíble como siendo el tesoro más preciado que nos da la naturaleza, la dilapidamos sin el mayor reparo y no comprendemos su importancia hasta que la perdemos. Alguien le preguntó a un hombre muy sabio en mi presencia: *¿Cree usted que la salud es lo más importante en la vida?* A lo que el sabio contestó sin pensar un segundo: *No. No es lo más importante. Es realmente lo único importante.* Esto es rigurosamente cierto, pues podría afirmarse que todas nuestras acciones en la vida están determinadas en última instancia por el estado de nuestra salud.

Con relación al tiempo, lo primero que debemos recordar es que el ser humano ha logrado reproducir de una u otra forma casi todo lo que necesitamos para vivir. Si cortamos un árbol, podemos sembrar otro; si un edificio es demolido se puede construir otro igual o mejor que ocupe su lugar; constantemente consumimos alimentos necesarios para nuestra existencia y producimos otros con iguales o mejores propiedades, y así pudiera citarse un sin número de ejemplos.

Sin embargo, en todos estos ejemplos está presente un factor común: el tiempo. Que el árbol nuevo crezca tomará tiempo, construir un nuevo edificio también, al igual que producir nuevos alimentos para reponer los que consumimos. Y es precisamente ese elemento: el tiempo, el que no podemos reproducir. Posiblemente esa es la razón por la cual al referirnos al mal uso del tiempo, la frase que comúnmente usamos es: *perder* el tiempo.

Según José Ingenieros el tiempo es el valor de ley más alta, dada la escasa duración de la vida humana, y perderlo es simplemente como dejar de vivir (1).

A pesar de todo lo anterior, es muy común que quienes ocupen funciones de dirección se concentren en el análisis de la efectividad con que emplean los recursos que administran, cómo utilizan la maquinaria, los activos financieros, los insumos, el personal bajo su mando, etc. Pero no siempre reflexionan con el debido cuidado en cuanto a cómo administran el tiempo; no solo su propio tiempo sino también el de sus subordinados, quienes, en lo concerniente al uso del tiempo, están virtualmente a su merced.

Si nos faltaran argumentos para convencernos de la importancia del tiempo, debemos recordar cómo Marx y otros investigadores que lo precedieron, demostraron que el valor de una mercancía se determina por el tiempo de trabajo socialmente necesario para su producción.

Es por tanto irrefutable la afirmación de que el tiempo debe utilizarse con la mayor racionalidad. Sin embargo, son múltiples y diversos los factores que conspiran contra este importante objetivo.

En primer lugar, pocas veces hacemos una planificación seria y con el nivel de flexibilidad conveniente de nuestro tiempo. Incluyo el factor "flexibilidad" porque al igual que un jefe administra el tiempo de sus subordinados, el suyo propio no le pertenece en su totalidad, por cuanto sus superiores pueden influir decisivamente en su uso.

Como todo ejercicio de planificación, el de nuestro tiempo también comienza con una pregunta: *¿qué queremos?*

la cual inmediatamente se traduce en otra *¿cómo debemos emplear nuestro tiempo para alcanzar lo que queremos?* En otras palabras, como sucede con todo recurso escaso, lo primero que se requiere es establecer prioridades en cuanto a su uso: *¿A qué queremos dedicar nuestro tiempo?*

La respuesta a esta pregunta es simple, aunque muchas veces no nos la hacemos y por tanto nunca llegamos a contestarla. De lo que se trata es de utilizar el tiempo en acometer acciones inmediatas que sumadas horas tras horas, días tras días, y a veces meses tras meses e incluso años tras años, nos lleven a convertir en realidades los objetivos que nos hemos propuesto en cualquier ámbito de nuestra vida, que nos produzcan plena satisfacción y sentido de realización.

Con ese fin, cada vez que vayamos a planificar una actividad que consumirá nuestro tiempo o el de nuestros subordinados debemos respondernos las siguientes interrogantes: *¿Es realmente necesaria? ¿Contribuirá en la práctica a acercarnos al logro de nuestras metas?* Cuando no podamos contestar estas preguntas con un sí rotundo, debemos entonces reconsiderar nuestros planes de ejecutar la actividad de que se trate. Dedicar nuestro tiempo a una reunión, un análisis, la lectura de un documento o una conversación, y constatar que nos aportó muy poco o nada para resolver un problema, o lograr un avance en nuestros planes, es uno de los mayores sentimientos de frustración que puede experimentar un jefe con sentido práctico y comprometido con el éxito.

Un afamado experto en técnicas de dirección asegura sobre esta materia que *"cuando se analizan las demandas que gravan el tiempo de uno, se descubre que aportan muy poco a la eficacia personal. Agregan poco a lo que uno desea hacer y que sabe que es de importancia*" (Aunque también reconoce que hay cosas que no son útiles y de las que uno no se puede desembarazar, como cuando un cliente importante inicia una larga conversación sobre sus problemas personales, un superior solicita información que nos parece innecesaria, y otras cuestiones de características análogas). Y su recomendación es muy clara: tenemos que ser *tacaños* con nuestro tiempo (2).

La utilización del tiempo pudiéramos subdividirla en tres dimensiones que trataré de resumir a continuación.

Primero: Cuando podemos decidir cómo utilizar nuestro tiempo. Hay aquí una primera pregunta que debemos hacernos: *¿Qué parte del tiempo cuyo empleo está bajo nuestro control, estamos dispuestos a utilizar de forma pasiva y que parte queremos emplear de forma activa?* A los efectos de esta pregunta considero una utilización pasiva del tiempo cuando lo empleamos leyendo documentos que otros nos envían, atendiendo a solicitudes de nuestros colegas, respondiendo planteamientos de nuestros subordinados, y en general reaccionando ante las iniciativas de otros, y una utilización activa cuando dedicamos nuestro tiempo a impulsar nuestra agenda de trabajo propia, por ejemplo, dar nuevas instrucciones a nuestros subordinados, identificar problemas que impiden el avance de los proyectos que hemos priorizado, buscar el apoyo de nuestros jefes en los casos en que este nos resulta necesario para avanzar, coordinar con nuestros colegas con igual fin, motivar a todos en nuestra organización y comprometerlos con nuestras metas, y muchas otras acciones vitales para alcanzar nuestros fines.

Como todo en la vida, hay que lograr un equilibrio entre el tiempo que utilizaremos de forma pasiva y de manera activa. Pero debemos tener presente que dejarnos arrastrar por una cómoda tendencia de reaccionar a la iniciativa de otros y no velar con celo el tiempo que debemos dedicar a pensar y ejecutar acciones generadas por nosotros mismos para realizar nuestros proyectos, puede ser un enemigo silencioso que nos inmovilice en la práctica, dentro de un maravilloso espejismo de actividad estéril.

Resulta obvio que no podemos sustraernos de utilizar parte de nuestro tiempo en forma pasiva, pero no hay duda que debemos emplear la mayor parte de este en forma activa, ya que esto será determinante para coronar con el éxito nuestros propósitos en la esfera profesional y en otros aspectos de la vida.

Segundo: Cuando no podemos decidir cómo utilizar nuestro tiempo, por ejemplo en los casos en que debemos asistir a reuniones u otras actividades convocadas por nuestros superiores u otras personas o instituciones que tienen autoridad sobre nosotros. En estos casos perdemos *"el derecho de propiedad"* sobre nuestro tiempo, pero siempre podemos tomar acciones inteligentes para tratar de emplearlo de la manera más productiva. Esto puede lograrse de varias formas.

Tuve la oportunidad de trabajar con subordinados ingleses y una de las experiencias positivas que recuerdo es como estos actuaban de manera tal que reducían al mínimo el tiempo necesario para tratar cualquier asunto para el cual fueran convocados. Por ejemplo, siempre venían con una libreta y una pluma para tomar nota de lo que hubiera que indicarles, se quedaban de pie para recibir la instrucción a menos que se le solicitara que se sentaran, no intentaban iniciar ninguna conversación fuera del contexto del asunto para el cual habían sido llamados, contestaban exactamente lo que se les preguntaba sin circunloquios y con respuestas cortas, daban su criterio de manera escueta, y una vez aclarada su misión preguntaban si había algún otro asunto, como una indicación de que por su parte consideraban que ya se había empleado el tiempo necesario para tratar el tema para el cual se les había convocado.

Desde luego, ni en todos los lugares, ni con todos los jefes se pueden aplicar estos principios, que en determinadas culturas pueden ser mal interpretados y tener efectos contraproducentes. Pero lo cierto es que siempre podemos prepararnos al máximo para tratar de que cualquier reunión con nuestros superiores sea lo más productiva posible en términos de la relación tiempo-resultados.

Entre las acciones que nos pueden ayudar a lograr una utilización óptima del tiempo, en los casos en que no tenemos autoridad para disponer de este, pudiéramos mencionar las siguientes: prepararnos al máximo sobre la materia que será tratada, concentrarnos en la esencia de los asuntos que se analicen y no extendernos innecesariamente en consideraciones que no aporten nada sustantivo, evitar por todos los medios la tentación de tratar de impresionar a nuestros superiores con frases "brillantes" y disertaciones fuera de contexto, tener absoluta claridad en cuanto a cuáles son los objetivos concretos de la reunión, exponer nuestros puntos de discrepancia con claridad y precisión, e identificar el momento en que es improcedente repetirlos cuando ya los hemos expresado claramente, sin haber conseguido variar las indicaciones de las cuales discrepamos.

Tercero: Cuando decidimos sobre el tiempo de otros. Aquí se trata fundamentalmente del tiempo de nuestros subordinados que *"consumimos directamente"* en citaciones, reuniones, conversaciones, etc. La clave en este caso es darle el mayor valor a ese tiempo y no actuar como si tuviéramos el derecho a dilapidarlo, partiendo de la base de que cuando lo hacemos, somos nosotros los que más perdemos. Debemos tener presente que si nuestros subordinados tienen claridad en sus tareas, son competentes y están motivados, no es necesario que los llamemos constantemente para darles indicaciones específicas, hacer revisiones innecesarias de la forma en que cumplen sus deberes u obtener información puntual, cuyo flujo sistemático debe estar normado con precisión.

Posiblemente la forma más valiosa de utilizar el tiempo de nuestros subordinados es provocar un intercambio informal con cierta periodicidad, para saber cómo se sienten en nuestra organización, que problemas tienen, que ideas tienen en cuanto a cómo mejorar el trabajo, y asuntos de naturaleza similar. Y en estos casos, nada más efectivo que trasladarnos nosotros a su lugar de trabajo en vez de llamarlos a nuestra oficina. Usualmente el ambiente de la *"oficina del jefe"* es el menos propicio para provocar un intercambio de información fluido y relajado. Está cargado de atributos para recordar que existe una diferencia de jerarquía a la cual las personas son generalmente muy sensibles. Sin embargo, si la conversación la tenemos en el lugar de trabajo del subordinado, este generalmente se siente propenso a hablar con más sinceridad y espontaneidad. Además esto tiene varios aspectos positivos adicionales. Al subordinado, le agrada saber que su jefe conoce el medio en que desenvuelve su trabajo, agradece el gesto pues lo asume como un acto de humildad y condescendencia, y se siente más importante dentro de la organización, todo lo cual contribuye a su autoestima y motivación. Y no debemos subestimar el hecho de que en este tipo de coyuntura es más fácil terminar la conversación en el momento en que lo creamos oportuno. Es mucho más sencillo, amable y natural "*marcharnos*" porque tenemos otras cosas que hacer, que sugerirle a un subordinado que debe abandonar nuestra oficina porque se nos acabó el tiempo que teníamos para tratar con él o ella.

En fin, desde cualquier ángulo que observemos todos los aspectos relacionados con el uso de nuestro tiempo, lo que nunca debemos olvidar es que es un bien escaso y no reproducible, que del uso que le demos depende en gran escala que podamos lograr nuestros objetivos, y que dilapidarlo es equivalente a ver pasar irresponsablemente nuestras posibilidades de éxito sin aprovecharlas.

Notas

1) "*Todo instante perdido lo está para siempre; el tiempo es lo único irreparable y por el valor que le atribuyen puede medirse el mérito de los hombres. Los perezosos viven hastiados y se desesperan no hallando entretenimiento para sus días interminables; los activos no se tedian nunca y saben ingeniarse para centuplicar los minutos de cada hora. Mientras el holgazán no tiene tiempo para hacer cosa alguna de provecho, al laborioso le sobra para todo lo que se propone realizar*" (José Ingenieros: *Las fuerzas morales*, Editorial Almanueva, Buenos Aires, 1956 p 46).

2) Refiriéndose al tiempo, Peter Drucker nos dice: "*Entre todos los recursos del hombre es el único que no puede almacenarse. Es irreversible. Una vez que se fue no vuelve. (…) No hay modo de darlo a guardar y que se lo devuelvan a uno. Así que el gerente eficaz*

principia teniendo en cuenta el tiempo, y lo primero que trata de hacer es administrarlo. Pero quiero advertirles que esto de administrar el tiempo no funciona bien. Cuando se analizan las demandas que gravan el tiempo de uno, se descubre que aportan muy poco a la eficacia personal. Agregan poco a lo que uno desea hacer y que sabe que es de importancia. Sin embargo hay cosas de las que no es posible desembarazarse. Por ejemplo nuestro mejor cliente nos habla por teléfono y se pasa tres horas platicando sus problemas personales. (....) O bien el ejecutivo recibe un memorándum del director de la casa matriz preguntándole cuantas de las secretarias son zurdas (....) y ¿qué puede hacer el infeliz? Tiene que perder una mañana obteniendo la información. (.....) Todo esto sucede y no se puede hacer nada para remediarlo. Entonces uno aprende a convertirse en tacaño con su tiempo. Se aprende a decir que no." Peter Drucker: *El Empresario de la Nueva Era*, Compañía Editorial Continental S. A. México, 1979, p 55-56.

13. Evaluación si: ritual no

Es común que en las empresas e instituciones los jefes hagan evaluaciones escritas periódicas del desempeño de sus subordinados. Si bien estas son ineludibles y llevadas a cabo de una manera constructiva y oportuna pueden ayudar al logro de los objetivos de la organización, se requiere ser extraordinariamente cuidadoso en su realización, pues cualquier enfoque inadecuado en el momento de efectuarlas, puede tener resultados contraproducentes. En este contexto, lo peor que puede pasar es que la evaluación se convierta en un ritual donde la forma devore el contenido.

En primer lugar, hay que partir de la base de que a todo ser humano le gusta conocer como se valora su trabajo. Es un sentimiento innato. Cualquiera que sea la actividad que realice, por lo general desea saber como la aprecian los demás. Esta información le puede llegar por distintas vías. Para una artista puede ser a través del aplauso, para un maestro mediante el respeto y afecto de sus alumnos, para un deportista por la asistencia y la reacción del público en el evento en que compite, etc. Pero, como norma, todos queremos conocer el juicio ajeno sobre lo que hacemos. Es una necesidad espiritual. Recordemos que el humano es un ser social.

En el caso de una empresa u otro colectivo que funciona para alcanzar resultados específicos, tanto por la razones espirituales mencionadas como por factores de carácter material, le concedemos una gran importancia a la opinión que puedan tener nuestro jefe sobre lo que hacemos. Y la evaluación escrita periódica es una de las formas que tenemos de conocerla.

La evaluación es también importante en tanto puede ser un elemento esencial para ayudar a rectificar aquellas cosas que estemos haciendo mal. Los humanos somos malos jueces de nosotros mismos. Generalmente no nos auto-juzgamos con imparcialidad y objetividad, y cuando hacemos algo mal, usualmente es porque no nos damos cuenta de nuestras debilidades y es extraordinariamente útil que alguien nos las señale. La evaluación periódica, es un momento oportuno para hacer un recuento de nuestras debilidades y reafirmar nuestras fortalezas... ¡Si se hace bien!

Además, la evaluación es positiva en tanto puede servir para reforzar la fluidez de las relaciones entre el jefe y el subordinado. Con el intercambio que supone una buena evaluación, se solidifican esas relaciones, esa compenetración que es tan importante para que el trabajo se haga bien.

Todo lo anterior está enfocado desde el punto de vista individual, de cada persona, pero si además, ese proceso evaluativo que se lleva a cabo a nivel individual, se analiza como una sumatoria, como algo en lo que intervienen todos los que forman parte de un colectivo, entonces es también válido afirmar que puede ayudar mucho a que el colectivo haga mejor su trabajo.

En cuanto a la posibilidad de que la evaluación se realice con éxito, pudiéramos asegurar que con esto sucede como con casi todo en la vida. No se gana una batalla el día en que tienes que librarla. Pongamos por ejemplo un combate en la esfera militar. Podemos estar seguros que un General no gana la batalla el día en que tiene lugar la confrontación con el enemigo. La gana o la pierde mucho antes. La victoria o la derrota depende de factores tales como el estado político-moral de sus tropas, de su motivación para alcanzar el triunfo, de que haya sabido escoger el lugar apropiado para el enfrentamiento, que haya estudiado bien el terreno, que haya dispuesto a sus tropas de una manera apropiada, de su enmascaramiento, de la disposición técnica del armamento, de cómo se hayan organizado los suministros y las comunicaciones, etc. El director de una orquesta sinfónica no obtiene su éxito el día del concierto, sino mucho antes, con el nivel de acierto que haya logrado en la selección de los músicos, su estado de ánimo, el rigor, la disciplina y la periodicidad de los ensayos, el estudio de las obras y autores a ejecutar, etc. En fin, lo que determina el éxito es todo lo que se hace antes de acometer la acción concreta que se debe realizar.

Con la evaluación sucede exactamente igual. Debe verse como un proceso continuo, que nunca empieza ni nunca termina. Hay un día en que se hace un resumen y se ponen los criterios por escrito, pero nunca he considerado que la evaluación se trate de llamar un día al subordinado, poner por escrito nuestros criterios sobre su trabajo y que este los acepte o los rechace. Este es un enfoque demasiado simple de un tema extraordinariamente complejo, donde están involucrados la subjetividad, los temores y las emociones humanas en general, de una manera extensa y profunda. El enfoque que siempre he dado al tema es considerar la evaluación como una actividad cotidiana, que tiene un hito significativo el día en que resumimos por escrito nuestro criterio sobre un lapso determinado del trabajo del subordinado. Es normal que todo proceso tenga hitos y es conveniente marcarlos para construir un record. Pero lo más importante nunca será el día en que se hace la evaluación escrita del subordinado, sino lo que hemos hablado con él sobre su trabajo día a día, durante el período que se evalúa.

En mi caso personal, he llegado incluso a tener dudas sobre la conveniencia y efectividad de las evaluaciones escritas periódicas, porque la práctica me ha demostrado que muchas veces el ser humano tiende a preocuparse más por lo que puede afectarle en el futuro un planteamiento escrito determinado, que por el contenido del planteamiento en sí. Por ejemplo, se preocupa porque puede ser que dentro de tres o cuatro años ya no esté presente el jefe que lo evaluó, sino otra persona, y lo inquieta la incertidumbre en cuanto a cómo lo puede interpretar esa otra persona. Esto disminuye su receptividad y puede hacerlo sentirse frustrado o temeroso o llevarlo a enfrascarse en discusiones pueriles en cuanto a una frase o un concepto que se mencione en su evaluación escrita, que él considere que le puede ser perjudicial con vistas al futuro.

Pienso que el mejor antídoto para esto es que no haya sorpresas, que cada señalamiento que se haga en la evaluación haya sido analizado y discutido en nuestros contactos cotidianos previos con el subordinado. Es contrario a la naturaleza del ser humano que si uno lo ve con frecuencia, tanto como resultado de las relaciones de trabajo o en actividades sociales, espere a que llegue el día de la evaluación para darle un criterio negativo sobre su trabajo o señalarle una debilidad o un error en su desempeño. Consecuentemente, si en vez de hacer valoraciones frecuentes y oportunas, lo dejamos todo para el día programado para la evaluación escrita, esta se convierte en una tarea mutuamente tensa y desagradable. En uno de los mejores libros que he leído sobre temas de dirección se hace esta profunda reflexión en cuanto a cómo puede influir negativamente en una organización un sistema de evaluación mal concebido:

"Uno de los eventos rituales más temidos es la evaluación anual o semestral, especialmente si estas evaluaciones conducen a sorpresas para las personas que están siendo evaluadas. Dale Carnegie describió esto de la forma siguiente: "El resentimiento que la crítica engendra puede desmoralizar a los empleados, a los miembros de la familia y a los amigos, sin corregir la situación que ha sido criticada. Es mucho mejor lidiar con la alabanza y las áreas de mejoría durante el año, que dejarlas todas para un momento de valoración formal. Si usted les pregunta a las personas cuál es su contribución individual a los esfuerzos de un equipo, ya sea las tareas del hogar de una familia o el trabajo realizado en un equipo, el total de la contribución de los miembros individuales será siempre superior al 100%.

Al momento de la evaluación de fin de año, el equipo se desintegra, el supervisor se esconde detrás de su status y el empleado puede ir a casa humillado, subestimado y afligido por su sentimiento de ser uno más del equipo. En los casos menos inteligentes, las evaluaciones se combinan con un requerimiento de promover o recompensar a X porcentaje de los ejecutores y dejar que queden en el fondo X porcentaje. Esto es una forma segura de terminar con personas siendo promovidas más allá de su nivel de confianza y competencia-el Principio de Peter. Las personas dejan la organización con el fin de no terminar en el X porcentaje del fondo, mientras que todos aquellos en el medio se concentran y preocupan acerca de cómo quedarán en la evaluación en vez de las tareas reales. (…) En vez de todo esto, la retroalimentación debe ser continua, mutua, ad hoc, abierta y franca" (1). En definitiva, si durante todo el año se va señalando a cada subordinado lo que esté haciendo mal, se provocan conversaciones, a veces incluso indirectamente, para expresarle nuestro criterio sobre su desempeño, se le señalan sus insuficiencias constructivamente y se tiene una comunicación mutuamente fluida sobre estos temas; cuando llega el día de la evaluación se puede hacer un recuento sosegado, con tranquilidad, no hay sorpresas, y el tiempo puede concentrarse en el análisis constructivo, en llegar a conclusiones en cuanto a cómo mejorar el trabajo.

Con respecto al método para conducir la evaluación, como resultado de mi experiencia personal, el sistema que he usado es tener una conversación con el subordinado que va a ser evaluado antes de presentarle mis criterios por escrito, sin tomar notas, sin escribir nada, simplemente intercambiando criterios verbalmente. Hablar en general de cómo se siente en la organización, cómo se relaciona con el resto del colectivo, si considera que sus intereses se están teniendo en cuenta. Indagar sobre la etapa de su vida en que se encuentra profesionalmente, en sus relaciones familiares, en su lugar de residencia, etc. Como parte de esta conversación le voy resumiendo mis valoraciones sobre su desempeño que, como norma, le he ido exponiendo parcialmente durante el año, de la manera más sencilla posible, sin actitudes paternalistas y sobre todo sin la arrogancia y frialdad que caracterizan a quien se siente que controla una situación y que al otro no le queda más remedio que callar y otorgar, lo cual constituye un desagradable y dañino sub producto del poder mal asumido. Un factor vital en esa conversación es llevarla a cabo sin presión de tiempo. Si la agenda de trabajo es muy apretada y crea impaciencia, es preferible posponerla para el momento adecuado y evitar llevarla adelante dando muestras de que queremos terminarla cuanto antes. Nada es más decepcionante para el evaluado y contraproducente a los propósitos de la evaluación, que trasmitir al subordinado la idea de que lo que más nos preocupa es acabar rápido para atender otros asuntos a los que atribuimos mayor importancia.

Dos o tres días después de esa conversación, resumo la evaluación por escrito, con las palabras más sencillas posibles, sin exageraciones en un sentido u otro y llamo nuevamente al subordinado para que la lea y me diga si acepta mis juicios o si no está de acuerdo y quiere que sean reconsiderados. Este método me permitió no sentirme presionado en el periodo que correspondía hacer las evaluaciones. Realmente lo asumía como el momento de hacer un resumen de mis intercambios del periodo con mis subordinados, que ambos conocíamos y que solo se hacía con el objetivo de dejar constancia de estos y controlar como íbamos avanzando de conjunto para lograr un equilibrio satisfactorio entre el desempeño individual y los objetivos colectivos. Puedo decir con absoluta veracidad, que la inmensa mayoría de las personas que he evaluado siguiendo este método, han considerado razonables las valoraciones a que he llegado con relación a su trabajo y a su comportamiento en la organización en general. Han sido muy pocos los que han pedido reconsiderarlos siquiera parcialmente.

Por último, nunca he sido partidario de las evaluaciones "en colectivo", las que pienso propician que las personas hagan y digan lo que creen que es conveniente o razonable decir en presencia de los demás, en vez de ir a la sustancia de los criterios que se le están expresando, y se refuerza el instinto de auto defensa por temor al criterio que se puedan formar los demás sobre cualquier aspecto negativo de su trabajo que se le señale. Además, es una forma de renunciar a un deber y a una facultad del jefe, valorar periódicamente el trabajo de sus subordinados, que no están entre los que resulta legítimo delegar ni a otra persona, ni a un colectivo.

Notas

1) Estos son puntos de vistas del exitoso empresario y escritor Toine Knipping, CEO de la multinacional Amicorp, quien nos amplia sobre este tema: *"Por iguales razones, yo creo que las encuestas anónimas de empleados son también una mala idea. Estas invitan a las personas a quejarse y siembran desconfianza sin traer soluciones. Las asambleas abiertas, donde las personas son invitadas a hablar francamente y donde los problemas difíciles son discutidos directamente y se oyen sugerencias, muchas veces son mejores. Las personas que no se sienten cómodas hablando francamente en público deben ser invitadas a usar la política de puertas abiertas que es mejor que esconderse detrás de un pedazo de papel sin firma. Un gerente a quien le sorprende la retroalimentación anónima que ha obtenido de un "360" o de una encuesta de empleados tiene tres opciones. Puede reflexionar si ha perdido contacto con la base, o puede sospechar que hay alguien que está tratando de socavar su autoridad o el espíritu de equipo y la cooperación en el terreno, o puede tratar de resolver el problema que puede o no ser real. En cualquier caso hubiera sido cien veces mejor si el problema hubiese sido expuesto abiertamente."* Toine Knipping: *Mind Your Business*, Balboa Press, Bloomington, 2012, pp 135-136.

14. Alabanza: que no adulación

El elogio, la alabanza, el encomio y el reconocimiento de las buenas actitudes en general, cuando son justos, tienen un efecto extraordinariamente positivo en nuestras relaciones con los subordinados y refuerzan considerablemente el compromiso y espíritu de trabajo del colectivo. En este caso, en vez de expresar mis puntos de vista personales sobre el asunto, prefiero reproducir las palabras de Martí tituladas "*Sobre los oficios de la alabanza*" las cuales me han servido de orientación para determinar cómo conducirme sobre este tema. Dice Martí:

"La generosidad congrega a los hombres, y la aspereza los aparta. El elogio oportuno fomenta el mérito; y la falta del elogio oportuno lo desanima. Sólo el corazón heroico puede prescindir de la aprobación humana; y la falta de aprobación mina el mismo corazón heroico. El velero de mejor maderamen cubre más millas cuando lleva el viento con las velas que cuando lo lleva contra las velas. Fue suave el yugo de Jesús, que juntó a los hombres. La adulación es vil, y es necesaria la alabanza.

La alabanza justa regocija al hombre bueno, y molesta al envidioso. La alabanza injusta daña a quien la recibe: daña más a quien la hace. La alabanza excesiva repugna con razón al ánimo viril. Los que desean toda la alabanza para sí, se enojan de ver repartida la alabanza entre los demás. El vicio tiene tantos cómplices en el mundo, que es necesario que tenga algunos cómplices la virtud. Se puede ser, y se debe ser cómplice de la virtud. Al corazón se le han de poner alas, no anclas. Una manera de arrogancia es la falsa modestia, a la que pasa como a los sátiros cansados, que siempre están hablando de las ninfas. Desconfíese de quien tiene la modestia en los labios, porque ése tiene la soberbia en el corazón.

La alabanza al poderoso puede ser mesurada, aun cuando el mérito del poderoso justifique el elogio extremo, porque la justicia no venga a parecer solicitud. A quien todo el mundo alaba, se puede dejar de alabar: que de turiferarios está lleno el mundo, y no hay como tener autoridad o riqueza para que la tierra en torno se cubra de rodillas. Pero es cobarde quien ve el mérito humilde, y no lo alaba. Y se ha de ser abundante, por la ley de equilibrio, en aquello en que los demás son escasos. A puerta sorda hay que dar martillazo mayor, y en el mundo hay aún puertas sordas. Cesen los soberbios, y cesará la necesidad de levantar a los humildes.

Tiene el poder del mundo, aun cuando no es más que sombra del poder pasado o del que viene, el estímulo constante del reconocimiento de cuantos temen la soledad, o gustan de la alta compañía, o se sienten el ánimo segundón, o van buscando arrimo. El que en el silencio del mundo ve encendidas a solas la luz de su corazón, o la apaga colérico, y se queda el mundo a oscuras, o abre sus puertas a quien le conoce la claridad, y sigue con él camino.

El corazón se agria cuando no se le reconoce a tiempo la virtud. El corazón virtuoso se enciende con el reconocimiento, y se apaga sin él. O muda o muere. Y a los corazones virtuosos, ni hay que hacerlos mudar, ni que dejarlos morir. El mundo es torre, y hay que irle poniendo piedras: otros, los hombres negativos, prefieren echarlas abajo. Es loable la censura de la alabanza interesada. Cuando consuela a los tristes, cuando proclama el mérito desconocido, cuando levanta el ejemplo ante los flojos y los descorazonados, cuando sujeta a los hombres en la vida de la virtud, lo loable es la alabanza.

Y cuando a un pueblo se le niegan las condiciones de carácter que necesita para la conquista y el mantenimiento de la libertad, es obra de política y de justicia la alabanza por donde se revelan, donde más se las niega, o donde menos se las sospecha, sus condiciones de carácter" (1).

Es muy poco lo verdaderamente sustancial que se podía agregar a tan sabias palabras y he preferido simplemente ponerlas a disposición de todos los que estén interesados en el tema. Solamente quisiera hacer una diferencia entre la alabanza y la adulación que son dos conceptos totalmente distintos, aun cuando hay muchos que los confunden con increíble frecuencia. La alabanza es una acción sincera y desinteresada, mientras que la adulación no refleja generalmente un sentimiento verdadero de quien la práctica y por lo general persigue propósitos mezquinos. Maquiavelo explicaba que los príncipes se complacen tanto en lo que ellos mismos hacen, y se engañan en esto con una tan natural propensión, que únicamente con dificultad pueden preservarse contra el contagio de la adulación. Alertaba que no hay otro medio para preservarse del peligro de la adulación más que hacer comprender a los sujetos que te rodean que ellos no te ofenden cuando te dicen la verdad y actuar de manera tal que todos conozcan que tanto más libremente se te hable más se te agradará (2).

Desafortunadamente, estas no son solamente prácticas del pasado que resultaban comunes en las cortes europeas de la época. Pueden verse como algo frecuente en los vínculos entre los subordinados y los jefes en las empresas y otras instituciones, y tienen un efecto corrosivo en aquellos jefes que no son capaces de distinguir entre el bálsamo de la alabanza y el veneno de la adulación.

Notas

1) José Martí: *Sobre los oficios de la alabanza*, Centro de Estudios Martianos, www.josemarti.cu/publicacion/Habana

2) *"No quiero pasar en silencio un punto importante que consiste en una falta de la que se preservan los príncipes difícilmente cuando no son muy prudentes o carecen de un tacto fino y juicioso. Esta falta es más bien la de los aduladores de que están llenas las cortes, pero se complacen tanto los príncipes en lo que ellos mismos hacen, y en ello se engañan con una tan natural propensión, que únicamente con dificultad pueden preservarse contra el contagio de la adulación. Aún, con frecuencia, cuando quieren librarse de ella, corren el peligro de caer en el menosprecio. No hay otro medio para preservarte del peligro de la adulación más que hacer comprender a los sujetos que te rodean que ellos no te ofenden cuando te dicen la verdad. (....) Es necesario que su conducta con sus consejeros reunidos y con cada uno de ellos en particular, sea tal que cada uno conozca que cuanto más libremente te hable más te agradará."* (Ver: Nicolás Maquiavelo: *El príncipe*, Espasa-Calpe, Madrid, 1985 pp 116-117).

15. La crítica: hazla pero escucha

La crítica es un instrumento extraordinariamente valioso en el desempeño de nuestras funciones como jefe, del cual no se puede prescindir, pero al igual que el bisturí del cirujano, es fundamental saberla usar con precisión. Bien manejada puede servir para extirpar males muy dañinos. Mal utilizada puede dejar secuelas muy graves.

Lo primero que se requiere para un ejercicio productivo y eficaz de la crítica, es educar al colectivo en la idea de que la organización siempre tiene y va a tener problemas y que el ser humano individualmente también los tiene y, partiendo de esa premisa, comprender que es vital identificar esos problemas, señalarlos con claridad y ponernos en función de solucionarlos, para lo cual hay que cambiar enfoques y conductas.

Es necesario trasmitir al subordinado la idea de que la crítica no tiene como objetivo engrosar un expediente con criterios negativos para tomar después una medida coercitiva. Que entienda que la crítica no es el preludio premeditado de una sanción y lo que esperamos y queremos es que el problema se resuelva. Cuando se consigue trasmitir esta idea con claridad y sinceridad, casi siempre se logra que los subordinados asuman la crítica como algo positivo, como un sistema que no implica futuras acciones contra ellos, y comiencen a verla como una oportunidad para mejorar su trabajo y tener una relación más clara y fluida con su jefe. A esto habría que agregar, que la crítica jamás debe usarse de forma tal que hiera la dignidad de la persona criticada o afecte negativamente su autoestima, pues en ese caso sería más dañino el ejercicio de la crítica que la ausencia de esta, y todo lo que hagamos como jefe debe estar dirigido a mejorar la situación de nuestros subordinados y nuestro colectivo en general, y no a empeorarla.

El General Senén Casas Regueiro, uno de los jefes más valientes, reflexivos y organizados con quien trabajé, me dijo un día que el momento más oportuno para hacerle las más duras críticas a un subordinado, es cuando se le comunica que será promovido, pues en ese contexto desaparece el temor de que la crítica tenga un segundo significado, o constituya una premisa para alguna acción negativa posterior, y será recibida en su justo valor de ejercicio destinado a mejorar su comportamiento futuro. Después de haber razonado detenidamente sobre esto, consideré muy acertada esta idea y por muchos años la puse en práctica con resultados muy positivos.

Cultivar la crítica con nuestros subordinados tiene una contrapartida que no puede descuidarse. Los jefes debemos ser también receptivos a las críticas de ellos. Sucede en muchas ocasiones que los jefes tienden a interpretar cualquier crítica u opinión discrepante de un subordinado como un síntoma de amenaza a su autoridad, e incluso de deslealtad, y entonces la repelen y reaccionan con agresividad ante esta.

Debemos educar a los subordinados para que expresen su opinión con sinceridad, no con meras exhortaciones a que lo hagan, sino aceptando como algo normal sus criterios distintos a los nuestros. No creo que exista una manera más efectiva de invitar a la hipocresía de un subordinado que irritarnos cuando nos expresa una discrepancia. Ésa es una forma de ponerle un precio a su sinceridad, que no todos están dispuestos a pagar, y cuando nuestros subordinados nos ocultan sus verdaderas opiniones por temor, los únicos perjudicados somos los jefes que dejamos de conocer puntos de vista útiles que pudieran ayudarnos a tomar mejores decisiones, sobre todo si hemos tenido éxito en escoger colaboradores lúcidos y talentosos.

Hay también jefes que realzan el valor de la crítica y enfatizan que esta debe ser un estilo de trabajo, pero dejan muy claro con sus acciones quienes son los que pueden criticarlos y quiénes no. Tienen un círculo de personas allegadas que pueden expresar sus críticas con toda sinceridad, sin consecuencias y son oídos y se les tiene en cuenta, pero el resto de los subordinados están sujetos a reacciones airadas si se atreven a criticar o discrepar. Esto es aún peor que la ausencia de crítica, pues divide al colectivo entre subordinados "de primera" y subordinados "de segunda" lo cual es igualmente dañino para ambos grupos y letal para el colectivo…y para el Jefe, aunque él no se dé cuenta de esto y se sienta muy contento con esta situación. El jefe debe aceptar la crítica de todos por igual, porque esta es posiblemente una de las formas más efectivas de trasmitir a nuestros subordinados la idea de que todos ellos son importantes en la organización. Oír en calma la crítica de un subordinado y concederle lo que pueda tener de razón, es un estímulo de extraordinaria importancia para aquel, que ese día se lo contará a su familia, y esta lo oirá con admiración y se sentirá orgullosa de su sinceridad, valentía y del reconocimiento que tiene de su jefe. Con respecto a esto último, no se debe subestimar la importancia que un subordinado le concede al hecho de que sus opiniones sean escuchadas por su jefe. Siendo estudiante me admiró la siguiente anécdota de la Grecia antigua. El General ateniense

Temístocles, quien en los momentos previos a la batalla de Salamina expresó un criterio contrario al del jefe de la flota griega en cuanto a la estrategia a seguir, y provocó su furia, al punto de que este último alzó su bastón para pegarle; le espetó a su Jefe en ese instante con determinación: *"Pega pero escucha"*. O sea, que este General de la antigüedad, estaba dispuesto incluso a admitir que su jefe le pegara, pero no estaba dispuesto a aceptar que no lo escuchara. Es un ejemplo muy gráfico de la importancia que le concede el ser humano a que sus jefes oigan sus criterios (1).

Hay muchos otros aspectos relativos a la forma más adecuada de hacer las críticas que han sido ampliamente tratados por expertos en la materia quienes dan consejos muy válidos, como por ejemplo, evitar en lo posible poner en evidencia pública a una persona, y hacer las críticas en privado, donde se pueda analizar detalladamente el error cometido con una actitud serena, y usar palabras adecuadas para impulsar un cambio positivo. En fin, *"llegar al corazón de las personas; enfatizar siempre la confianza, no usar expresiones pesimistas o catastróficas en cuanto a las posibilidades de eliminar los errores que se critican; e insistir siempre en las expectativas positivas y las posibilidades de éxito"* (2).

Es conveniente enfatizar en que la crítica siempre debe ser planteada a partir de la premisa de no afectar la autoestima de la persona criticada. No se resuelve realmente un problema mediante la crítica, cuando la solución se logra sobre la base de que la persona pierda o disminuya su autoestima, pues en ese momento no solamente pierde la persona sino también la organización. Quien no se auto considera individualmente valioso, jamás será valioso para el colectivo.

Y por último, hay que dejar un espacio a la posibilidad de que alguien no logre resolver sus insuficiencias, problemas o debilidades mediante la crítica. Esto sucede con cierta frecuencia con las dificultades asociadas al carácter de las personas ya maduras, a quienes les resulta bastante difícil corregir tales problemas. En ese caso estaremos ante la disyuntiva de prescindir de sus servicios o mantenerlo en la organización partiendo de la base de que su contribución es mucho mayor que las dificultades que pueden causar los problemas de carácter que no logra superar. Pero lo que no tiene sentido es perpetuar una situación de perennes críticas cuando se hace evidente que estas son inefectivas para cambiar la actuación que se critica. Si finalmente decidimos mantenerlo en la organización, entonces se requerirá un esfuerzo colectivo liderado como siempre por el jefe, para hacer llevadera la situación y evitar recriminaciones y críticas constantes que después de haber tomado esa decisión carecen de sentido; a menos que se produzca un agravamiento de los problemas que haga insostenible la situación, y entonces la solución no es otra que optar por prescindir de sus servicios a cualquier costo, por muy valiosos que estos puedan ser.

Notas
1) Ver: Plutarco: *The rise and fall of Athens*, Penguin Books, Londres, 1964, p 88.
2) Ver: https://www.emprendices.co

16. Ante los problemas: se hace camino al andar

La actividad de dirección nos impone cada día nuevas acciones que debemos emprender sin vacilaciones (1). El análisis, la meditación, el estudio, las valoraciones, y los debates, tienen un papel muy importante cuando tenemos funciones de jefe. Pero al final el éxito solo puede obtenerse mediante la acción. Cuando tenemos un objetivo o se nos presenta un problema, lo analizamos, y nos limitamos a meditar y debatir sobre este, es posible que aumentemos nuestro nivel de conocimiento sobre el problema que tenemos o el objetivo que queremos alcanzar, pero es seguro que así no resolveremos el problema ni alcanzaremos el objetivo. Tal vez por esas razones, Martí afirmaba: "*Yo no creo en esperas a la hora del cuajo, ni estoy amasado con esperas. Lo que se debe hacer hay que hacerlo*" (2).

Un jefe militar puede estudiar planos, analizar las más perfectas estrategias y tácticas con su estado mayor pero no ganará la batalla hasta que lance sus soldados a la acción y estos aseguren la posición que se debe tomar. El Jefe del Ejército libertador de Cuba en la Guerra de Independencia contra España, Máximo Gómez, dijo en una famosa arenga a sus soldados al comienzo de una importante campaña: "*El día que no haya combate, será un día perdido o mal empleado*" (3).

Es vital que entendamos que los objetivos solo se alcanzan y los problemas solo se resuelven *actuando*. Bolívar decía que estaba acostumbrado a ver fantasmas terribles que desaparecían cuando avanzaba sobre ellos. Yo agregaría que cuando no avanzamos sobre los problemas, son entonces los problemas los que avanzan sobre nosotros. Y es que no hay un método más efectivo para resolver el más enconado de los conflictos o el más complejo de los problemas que actuar sobre ellos. Incluso cuando no logramos resolverlos del todo, nos queda siempre la sensación de alivio que generalmente se produce cuando sabemos que estamos tomando la iniciativa para solucionar las dificultades que nos acosan y la satisfacción de ver reforzada nuestra imagen ante nuestros subordinados, colegas y superiores, que nos ven luchando con moral y determinación, aunque la situación sea muy adversa. Uno de los reconocimientos que profundamente me emocionó y me complació, fue cuando un Jefe a quien admiraba mucho, después de verme enfrentar con denuedo una situación muy compleja, durante la cual me hizo duras críticas, me dijo al final: *Ya sé que contigo se puede contar en tiempos de crisis.*

Uno de los consejos más sabios que he recibido en mi vida, me lo dio un hombre muy humilde. Era el año 1963, cuando yo contaba apenas 19 años y acababa de llegar a los campos de caña de Camagüey para participar como machetero voluntario en el corte de caña manual en esa provincia (por aquella época se había reducido la disponibilidad de mano de obra en el campo y se pedía a los jóvenes revolucionarios que marcháramos a esa y otras provincias a apoyar los trabajos de la zafra azucarera.) A nuestra llegada vimos con gran preocupación que además de las complejas condiciones en que tendríamos que vivir compartiendo barracas de piso de tierra con obreros haitianos que por aquella época vivían y trabajaban en Cuba, tendríamos también que realizar nuestra faena de corte en campos de *"caña enredada"* como resultado de un ciclón que había azotado a Cuba en meses anteriores. Una pesadilla para un cortador de caña pues en esta situación las cañas se recuestan una sobre otra y es muy difícil saber dónde hay que cortar y como sacarlas de ese gran *"revoltijo"* de tallos y hojas. Un auxiliar de limpiezas del Ministerio de Comercio Exterior, un hombre ya muy viejo, con experiencia como trabajador agrícola y como ser humano, que también participaba voluntariamente en la campaña, viéndome parado inmóvil con mi machete en la mano frente al campo de caña tratando de pensar cómo hacerle frente a una situación que evidentemente me desbordaba, me dijo: *"Mi hijito, no te preocupes más, empieza a tirar machetazos, y ya verás como la caña se desenreda sola."* Procedí según su consejo, y diariamente comenzaba a trabajar con decisión sin detenerme a contemplar el desalentador panorama que presentaban los cañaverales. Pude constatar cómo a medida que avanzaba, la tarea se me hacía más fácil y al final del día lograba realizar mi meta diaria de corte. Desde ese momento, ante una situación que me parece más grande que mis fuerzas *"empiezo a tirar machetazos"* y puedo decir con la mayor certeza que en la mayoría de los casos *"la caña se va desenredando sola"* (4).

En uno de los mejores libros que he leído sobre dirección de empresas, un experimentado y exitoso hombre de negocios y escritor, asegura que cuando usted comienza a actuar en busca de sus objetivos *"El camino se abrirá ante usted y se aclarará a medida que usted comience a caminar. Usted encontrará a las personas adecuadas cuando usted las necesite, usted encontrará las soluciones correctas para sus problemas cuando estos se vuelvan agudos. Abrirá un libro y verá las respuestas a sus preguntas; usted se reunirá con una persona, y esa persona le facilitará el contacto o la introducción que usted necesita. Tendrá una idea, y pronto alguien le mostrará quien necesita esa idea o el producto que usted puede elaborar. No hay forma que pueda planificar o forzar esto. Tenga confianza, confié en el universo y esté abierto a que esto suceda. Tendrá que tener cierta confianza en sí mismo para que las cosas correctas pasen en el momento correcto. Pero como Paulo Coelho correctamente enfatiza: "Y cuando usted quiere algo, todo el universo conspira para ayudarlo a conseguirlo."(.....) E igualmente importante, una vez que decida comenzar, ponga en marcha el espectáculo, tome acciones inmediatas. No pierda el tiempo haciendo planes, hablando de la validez de sus planes, o pensando sobre la certeza del éxito potencial de su negocio. Simplemente comience a moverse con el primer paso. (...)Empiece a andar, y el camino se abrirá ante usted* (5).

Resumiendo, estos criterios de una forma poética, pudiéramos recordar los versos del poeta español Antonio Machado, popularizados por Joan Manuel Serrat en una de sus más famosas canciones: *"Caminante no hay camino, se hace camino al andar"*.

Por supuesto, no se trata de actuar desconcertadamente y sin un fin determinado. Se debe tener una noción muy clara y precisa de lo que hay que hacer concretamente "ahora" y "aquí" pues de lo contrario un entusiasmo mal administrado nos puede conducir por senderos muy alejados de la realidad como el caso de los personajes Saladino y Electra de la historia de Mark Twain (6). Siempre hay que saber en qué dirección uno quiere ir. Alguien dijo que nunca habrá un viento favorable para aquel que no sabe hacia dónde se dirige. En el caso de la caña era fácil. Había que avanzar hasta llegar al final del campo y haber cortado los cuatro *"plantones"* de este que le correspondían. En el caso de un dirigente con tareas complejas se trata de algo mucho más difícil, pero si se tiene clara la dirección en que se quiere marchar y el objetivo al cual se debe llegar, no hay mejor método que empezar a actuar, aunque sea con acciones de limitado alcance o algo confusas al inicio, pero que en la medida en que se adelanta van ganando en efectividad y claridad. Como dice un proverbio chino: *el viaje más largo comienza con un paso.*

Notas

1) La importancia de actuar sin vacilación en nuestro quehacer cotidiano está muy bien reflejada en el siguiente proverbio africano:
Todas las mañanas en África una gacela se despierta
Sabe que tendrá que correr más rápido que el león más rápido o será devorada
Todas las mañanas en África un león despierta
Sabe que tendrá que correr más rápido que la gacela más lenta o se morirá de hambre
Por tanto: No importa si usted es gacela o león, cuando el sol salga comience a correr inmediatamente.
(Tomado de: Thomas L. Friedman: *The world is flat*, Farrar, Straus and Giroux, Nueva York, 2006, p 137).

2) Tomado de: Francisco Soberón: *Martí el poder de servir*, Editora Política, Habana, 2009 p 65).

3) Enrique Loynaz del Castillo: *Memorias de la Guerra*, Editorial Ciencias Sociales, La Habana, 1989 p 227.

4) En igual sentido, ya mencioné que el Libertador Simón Bolívar le respondía a quienes le venían a plantear problemas intimidantes, que él ya estaba acostumbrado a ver fantasmas que cuando avanzaba sobre ellos se desaparecían.

5) Toine Knipping: *Mind Your Business*, Balboa Press, Bloomington, 2012, p 35-36.

6) Mark Twain: *Narraciones*, Editorial Arte y Literatura, Habana. 1978, p 199.

17. La disciplina: se predica y se impone

Objetivo esencial de un jefe es lograr que reine la disciplina en el ámbito en que ejerce su mando. Posiblemente no exista ninguna actividad humana provechosa, cuyo ejercicio no demande de una gran disciplina para lograr algún resultado de utilidad social o individual. Y mientras más altos y difíciles son los objetivos a lograr, mayor debe ser el rigor en el cumplimiento de las tareas que se requieran realizar para alcanzarlos. Detrás de los grandes triunfos de un colectivo deportivo, artístico, militar o empresarial, puede siempre observarse un jefe que predica e impone una férrea disciplina. Es interesante observar como el ser humano individualmente tiene una tendencia muy común a hacer lo que desee sin sujetarse a ninguna norma, sin observar ningún tipo de disciplina, pero generalmente no soporta un ambiente donde reine el libre albedrío, donde cada cual pueda hacer lo que le plazca, donde no exista disciplina.

En la historia de Cuba sobran las pruebas de lo que puede acarrear una falta de disciplina. La actitud indisciplinada de algunos de nuestros jefes militares, causó serios trastornos a nuestras luchas independentistas y acarreó extraordinarias angustias a nuestros dos jefes de mayor rango en aquella etapa, Máximo Gómez y Antonio Maceo, quienes se caracterizaban por la disciplina que exigían y con que actuaban.

La importancia que atribuía Martí a mantener una estricta disciplina personal y colectiva en sus actividades revolucionarias puede verse constantemente. En los momentos más intensos de la preparación de la Guerra de 1895, al regresar a Nueva York en una breve escala para salir nuevamente de viaje le explica a un colaborador que había venido *"a ojear, a ver si me habían cumplido las ofertas, a estar con mi parte hecha en el día que había ofrecido estar"* (Ver: Francisco Soberón: *Martí, el poder de servir*, p 77).

Al hablar de la disciplina en una organización, nos estamos refiriendo al nivel de cumplimiento de las regulaciones, reglamentos, procedimientos, instrucciones, etc. que rigen su desempeño. Es claro que mientras más normas existan, será menor el nivel de discreción que queda al subordinado para realizar sus funciones de acuerdo con sus criterios y mayor será la posibilidad de que este cometa indisciplinas. Por tanto es deber del jefe revisar periódicamente las normas vigentes en su organización, tratar de que sean las mínimas necesarias de manera que quede margen para que cada cual pueda desplegar al máximo sus propios criterios y cerciorarse que sean debidamente actualizadas o derogadas cuando hayan cambiado las circunstancias que las hicieron necesarias en el pasado. Con relación a este punto, resulta conveniente que toda norma tenga una fecha de prescripción para obligarnos a revisarla en un plazo determinado. Es increíble la cantidad de disposiciones obsoletas que se mantienen en una empresa o colectivo, las cuales permanecen en vigor sencillamente porque no tienen fecha de caducidad y no se hace una revisión periódica para determinar si vale la pena conservarlas. Nada deslegitima más una política de respeto a la disciplina, que la existencia de normas que ya no tienen vigencia por haber cambiado las premisas a que se debe su origen, pero que se mantienen en vigor por desidia, por falta de organización o por razones meramente burocráticas, lo cual usualmente provoca que se incumplan con frecuencia.

Imponer la disciplina no es algo opcional para el jefe. Es su deber hacerlo a cualquier costo pues la ausencia de esta pone en peligro la propia existencia de la institución o grupo social que dirige, y más temprano que tarde lo hará perder su condición de jefe. En el cumplimiento de este deber no puede haber distinciones. Nadie en una organización, ni siquiera la persona que más valiosa le resulte, está exenta de cumplir con el orden que se haya establecido.

La disciplina no es algo que el jefe le pide, le solicita o le sugiere al subordinado, es algo que este debe saber que no tiene otra alternativa que acatar. Por supuesto, esto no excluye la necesidad de explicar su importancia y tratar que todos comprendan que no solamente resulta vital para el colectivo sino también para lograr sus metas personales. Podríamos incluso agregar que el jefe tiene la obligación de *predicar* la disciplina, explicar las razones por las cuales resulta vital para el colectivo, aclarar la diferencia entre la creatividad y la indisciplina que algunos subordinados tienden a confundir; trasmitir la idea que el respeto al orden en modo alguno implica que no haya espacio para la iniciativa individual y que todos pueden proponer cambios en las normas cuando consideren que estas resulten demasiado rígidas o inoperantes, pero que la solución nunca puede ser violarlas.

Es obvio que el jefe debe realzar la importancia de la disciplina no solamente con sus palabras sino también con su comportamiento práctico. En este último aspecto habría que enfatizar que, como en todo lo relativo al ejercicio de una jefatura, es vital predicar con el ejemplo. En otras palabras, un jefe que no sea capaz de auto exigirse una férrea disciplina en su quehacer diario, nunca podrá lograr que esta reine en el colectivo que dirige. Por ejemplo, si en una empresa está normado que los gastos de viaje deben liquidarse setenta y dos horas después del regreso y cuando el jefe viaja lo hace diez o quince días después, su capacidad de imponer la disciplina se verá seriamente erosionada, y lo peor es que probablemente nadie se lo va a decir. Es el jefe el que se tiene que dar cuenta y actuar en consecuencia. En resumen, cuando sea el propio jefe el que viole las normas, tendrá que conformarse con una apariencia de respeto al orden, pero la indisciplina estará siempre rondando y se manifestará cuando menos se espere.

La indisciplina debe ser siempre objeto de una sanción o castigo. Aunque he mencionado la palabra "férrea" para enfatizar la importancia del cumplimiento del orden, esto no quiere decir que los castigos deban ser desproporcionados con relación a la gravedad de la indisciplina en que incurra un subordinado. Como en todo análisis, debe tenerse en cuenta las circunstancias en que esta se produjo, los antecedentes de quien la cometió, los daños que esta causó, la actitud que asume quien cometió la infracción ante su falta y elementos análogos. Debemos siempre tener presente que el objetivo de la sanción no es infligir un daño a quien incurrió en la falta, sino cambiar su comportamiento futuro. Pero tiene que haber una consecuencia para quien actúe de manera indisciplinada y estar convencidos y convencer a los demás de que éxito e indisciplina son dos conceptos excluyentes.

18. Las finanzas: 10 "mandamientos"

En la vida moderna todos requerimos recursos financieros para lograr nuestros propósitos. Es común que una familia, una empresa, un gobierno, tengan que realizar inversiones, afrontar desfases entre sus ingresos y sus gastos, obtener dinero de fuentes externas, devolverlo en un plazo determinado, pagar y cobrar intereses, y en general, gestionar sus recursos financieros de manera tal que se cuente siempre con la liquidez necesaria para realizar sus actividades normales. Corresponde al jefe cerciorarse de que estos recursos sean siempre suficientes para que la organización que dirige pueda seguir existiendo, lograr sus propósitos y llevar adelante los planes de expansión, desarrollo y crecimiento comunes en cualquier institución o colectivo (1). Sobre la gestión de las finanzas existen incontables textos y se trata de un tema demasiado especializado para tratarlo extensamente dentro de un libro como este, cuyo objetivo es simplemente comunicar algunas experiencias en materia de dirección. No obstante, la condición de jefe usualmente implica el manejo de recursos financieros, de manera que a continuación mencionaré algunos *"mandamientos"* que es vital observar en el manejo de las finanzas.

Primero: Todo lo concerniente a las finanzas debe tener un desarrollo gradual. Lo brusco suele entrañar peligros aunque parezca positivo. Por ejemplo, si un año tenemos ofrecimientos de financiamientos externos que duplican los del año anterior, esto acarreará grandes riesgos con independencia de sus beneficios, pues casi seguramente no estaremos bien preparados para encauzar productivamente el doble de los recursos que recibimos el año anterior, y si no entendemos esto, y nos llevamos por un entusiasmo desmedido, los resultados pueden llegar a ser muy dañinos.

Segundo: En temas financieros no se debe *descubrir* se debe *conocer*. Las sorpresas tienen usualmente una connotación negativa, aun cuando traigan un efecto positivo inmediato. Si en un momento de grandes necesidades, *descubrimos* que teníamos una reserva de liquidez que nos puede resolver el problema, podemos alegrarnos momentáneamente, pero debemos preocuparnos muy seriamente, pues en el mejor de los casos, esto denota un serio defecto en nuestros sistemas de control.

Tercero: Decir siempre la verdad. La credibilidad resulta vital para lograr nuestros propósitos, pues para obtener recursos financieros externos se requiere que otros crean en nosotros. Además, la necesidad de ser veraz no tiene solamente fundamentos éticos y legales, sino que también resulta más barato. Si nos equivocamos, debemos aceptarlo con claridad (2). Dar una información sesgada, incompleta o falsa a un financista externo, a un proveedor o a un cliente, para resolver un problema o tratar de enmendar un error, nos va a costar siempre más caro que atenernos con toda veracidad a los hechos.

Cuarto: No temer al riesgo. La actividad financiera siempre está proyectada hacia el futuro y del futuro solo sabemos que es incierto. No se trata de evadir el riesgo, se trata de saber identificarlo, evaluarlo y gestionarlo.

Quinto: La ingenuidad y la superficialidad al evaluar el riesgo son un lujo, y hay que tener muchas reservas para permitírselo.

Sexto: Nunca dejar las soluciones a la vida. La vida es casi siempre peor financiera que el hombre. Ante cualquier problema financiero siempre hay que actuar. Recordar que una proyección inexacta siempre es mejor que una ausencia de proyección. Cuando se hace una proyección, todos lo que participan en esta tienen un punto de referencia. Se fijan puntos de referencia cuantitativos que todos pueden tener en cuenta para orientarse en su gestión. Cuando no se proyecta no existen límites a los cuales atenerse, se trabaja en un rango que va de cero a un número indeterminado. Sintetizando: una buena proyección es saludable, una mala proyección es dañina, pero una ausencia de proyección es mortal.

Séptimo: Entre las pocas cosas gratuitas que recibe un jefe en relación con la gestión financiera están las propuestas descabelladas. Pero lo que sí es muy costoso es tomar una decisión descabellada. Tener siempre presente que los profetas y los que se creen dueños de la verdad generalmente arriesgan el dinero de otros, y que la profesionalidad y la responsabilidad son la línea divisoria entre la creatividad y la charlatanería.

Octavo: La tensión es siempre la madre de la eficiencia. Una buena gestión financiera consiste en hacer el máximo que se pueda con el mínimo de recursos y como norma, esto no se logra sin presiones. En materia financiera la excesiva tranquilidad es usualmente un signo de ineficiencia.

Noveno: Nunca asumir compromisos basados en promesas de otros. Según Gandhi se puede confiar en las promesas de la gente sobre cualquier cosa, salvo si se trata de dinero (3).

Décimo: No olvidar ni un instante que para la ineptitud nunca hay fuentes externas de financiación. Al final, siempre hay que pagarla con recursos propios.

Notas

1) Sobre este asunto, resultan de gran interés las opiniones de un exitoso empresario y escritor que ya ha sido mencionado en este texto: "*Como empresario, usted tiene primero que salvaguardar la continuidad de su compañía. Y usualmente eso significa ir más despacio de lo que querría. La mayor parte de las compañías no viven mucho tiempo; de hecho solo una de cada diez vive hasta cinco años. La mayoría no logra salir adelante porque su flujo de caja es insuficiente para mantener sus operaciones. La vida de los negocios es altamente incierta, y hay poca o ninguna misericordia en el mercado para las pequeñas compañías que afrontan problemas financieros. Sea muy conservador en el ámbito financiero, contrate buenos expertos financieros, encuentre usted mismo un experimentado CEO (una vez que llegue a ese tamaño), asegúrese de tener proyecciones de flujo de caja al menos mensualmente, asegúrese que su administración esté siempre actualizada y sea fiable, y tan pronto como tenga los recursos para hacerlo, audite sus libros, con independencia de que sea un requerimiento legal en su país o no. Esta es un área donde los expertos son muy útiles y donde puede ser necesario que su intuición tome asiento detrás del enfoque conservador y de un esquema mental de "más vale precaver que tener que lamentar.*"(Toine Knipping: *MindYour Business*, Balboa Press, Bloomington, 2012 p 159).

2) Refiriéndose a un grave error que cometió en sus investigaciones científicas, Stephen Hawking se pregunta: *¿Qué se debe hacer cuando uno se da cuenta de que ha cometido un error como ése?* E inmediatamente contesta: "*Algunos nunca admiten que están equivocados y continúan buscando nuevos argumentos, a menudo inconsistentes, (…..) Me parece mucho mejor y menos confuso si se admite en papel impreso que se estaba equivocado.*" (Ver Stephen Hawking: *Historia del Tiempo*, p 135) Este es justamente el criterio

que se debe asumir cuando el error se refiere a un tema financiero.
3) Mahatma Gandhi: *La historia de mis experimentos con la verdad, Autobiografía,* Editorial arte y literatura, la Habana, 2013 p 152).

19. Las comunicaciones: nuevas tecnologías, viejos principios

Sin lugar a dudas el desarrollo de las comunicaciones vinculado con la introducción de la informatización en la actividad de dirección y en la conducción de los negocios a nivel global, es uno de los ámbitos del quehacer humano en los que se ha observado una mayor revolución en los últimos cincuenta años.

Quienes hemos sido testigos de esta revolución, hemos podido palpar como los medios de comunicarse han cambiado los tiempos y la manera en que nos relacionamos con nuestros superiores, subordinados, suministradores, clientes, financistas, etc.

Los avances de la informática y de las telecomunicaciones permiten realizar con inmediatez los procesos necesarios para decidir y llevar a cabo las operaciones más sofisticadas, y transmitir en segundos grandes volúmenes de información a un costo marginal.

Cuando surgió el télex como medio fundamental de comunicación escrita, así como las grandes computadoras y el telefax, se logró avances notables en la eficiencia de la conducción de una empresa, un departamento gubernamental o instituciones de diversa naturaleza. Sin embargo, la forma normal de funcionamiento, era que en las oficinas importantes, existían centros de telex hacía donde fluían los mensajes elaborados por quienes participaban en las operaciones de la institución, para ser enviados a otras oficinas nacionales o extranjeras. Esto creaba un flujo continuo de información interna en papel entre el personal encargado de las comunicaciones de un lado y los especialistas a cargo de las operaciones del otro, que se traducía en demoras y riesgos de errores, afectando la rapidez y efectividad del trabajo.

Con el advenimiento de las computadoras personales de bajo costo, los lenguajes de programación fáciles de aprender, los sistemas operativos amistosos para el usuario, el cable de fibra óptica, la comunicación vía satélite, el desarrollo de Internet y de las redes informáticas en general y la aparición de los equipos móviles (teléfonos inteligentes y tabletas), la situación ha cambiado radicalmente.

Actualmente, se combina en un mismo equipo el procesamiento y la transmisión de los datos, y por su precio, estos son accesibles a la mayor parte de las entidades y personas naturales involucradas en las actividades empresariales o gubernamentales. Cada ejecutivo o especialista puede ahora tener en su mesa, e incluso en su bolsillo, su propia computadora, resolver de inmediato las operaciones más complejas en relación con su actividad y comunicarse en segundos directamente con su contraparte de cualquier lugar del mundo. Pudiera decirse que prácticamente se eliminó el límite de la cantidad de información que una persona puede producir, procesar, almacenar e intercambiar, y de la velocidad de ese proceso.

Cualquier información puede trasmitirse con inmediatez entre los lugares más distantes del planeta a un costo ínfimo en relación con el pasado. En 1975 enviar un *megabyte* de información de Nueva York a Tokio (equivalente al volumen de un libro de 300 páginas) costaba aproximadamente 10 000 dólares (1). Con el uso de las modernas redes informáticas, ese costo es en la actualidad prácticamente nulo.

Esto permite a un jefe estar en contacto en tiempo real con todos aquellos relacionados con su actividad, recibir y enviar informes e instrucciones, contestar los requerimientos de clientes, hacer solicitudes a suministradores, revisar datos financieros, etc.

Tales facilidades tienen un efecto muy beneficioso en cuanto permite acortar considerablemente el tiempo necesario para completar cualquier proceso, reduce la necesidad de trasladarse físicamente a todos los involucrados en este, facilita las coordinaciones, y, en general, potencia considerablemente la eficiencia del jefe y de su colectivo.

Ahora bien, hay algunos principios generales en cuanto al manejo de las comunicaciones que mantienen su vigencia, aun en esta etapa de predominio del correo electrónico, las video-conferencias, los teléfonos inteligentes y otros avances que han revolucionado la forma en que los seres humanos se comunican. Repasemos brevemente algunos de estos principios:

Primero: Contestar siempre con rapidez las comunicaciones que le dirijan por cualquier vía. Esto es válido aun cuando no tengamos una respuesta satisfactoria que podamos dar de inmediato. Un mensaje confirmando que nos estamos ocupando del asunto que se nos ha planteado, produce siempre una buena impresión y evita tensiones e incertidumbres.

Segundo: Se debe tener en cuenta que la forma de dirigirse a alguien que no hemos conocido personalmente, es distinta a la que debe usarse cuando nos estamos comunicando con una persona que ya conocemos. En el primer caso nuestro lenguaje debe ser amable pero formal y muy cuidadoso. En el segundo caso puede ser más coloquial y distendido.

Tercero: Aun cuando las comunicaciones por medios electrónicos resultan fundamentales en los tiempos actuales, esto no debe llevarnos a olvidar la importancia de conocer personalmente a aquellas personas que resultan más importantes para lograr nuestros objetivos. Por ejemplo, si dirigimos una empresa, debemos conocer personalmente a quienes toman las decisiones en nuestras entidades suministradoras, clientes y financistas, y programar nuestros planes de trabajo de manera que podamos visitarlos periódicamente. Es normal que alguien que nos conozca, esté más dispuesto a colaborar con nosotros, que alguien que no nos conozca.

Cuarto: En el contacto diario con nuestros subordinados tampoco podemos descansar enteramente en la comodidad y la facilidad que nos brindan el correo electrónico o el teléfono. Resulta vital que propiciemos conversaciones personales con ellos y, como ya ha sido mencionado anteriormente en este libro, es recomendable acudir periódicamente a sus puestos de trabajo para despachar sobre un tema, hacer alguna pregunta o dar alguna respuesta a una consulta que nos hayan hecho. Esto resulta extraordinariamente beneficioso a los efectos de lograr una relación fluida, transparente y desprovista de todo matiz burocrático. Siempre recordar que el subordinado se siente reconocido cuando el jefe acude a su puesto de trabajo y habla con el amable y afectuosamente a la vista de todos sus compañeros. Por supuesto, hay que escoger los temas que se van a tratar en este contexto, pues hay algunos que requieren privacidad y no son apropiados para ser abordados en este escenario.

Quinto: En las comunicaciones verbales, tener siempre presente que hay que atender no solamente a lo que se dice sino a lo que se deja de decir. Hay silencios más elocuentes que cualquier frase.

Sexto: En una parte anterior de este libro me he referido a la necesidad de prestar atención a los mensajes del lenguaje corporal, que a veces son más altos y claros que los del lenguaje verbal. Ahora añadiría que su interpretación debemos asumirla como un componente vital de nuestras prácticas en materia de comunicaciones.

Séptimo: Ser extraordinariamente cuidadoso en las comunicaciones telefónicas pues generalmente no conocemos cual es la situación en el lugar donde está la persona con quien hablamos: ¿Hay otras personas presentes? ¿Ha pasado algo que ha disgustado a nuestro interlocutor? ¿Dispone este de poco tiempo para la conversación y se siente presionado por esto? Y muchos otros aspectos. Pero lo más importante: jamás permitir que una comunicación telefónica se salga de control. Si en un momento determinado comienzan a crisparse los ánimos y empezamos a transitar hacia una confrontación, lo mejor es respirar profundo, y decir que vamos a pensar sobre el tema de que estamos hablando y que llamaremos posteriormente. No hay *peleas* más irracionales que las que se libran telefónicamente, cuando el hecho de no tener frente a nosotros a la persona con quien estamos hablando hace que cualquier frase poco amable sea más fácil de decir pero más difícil de oír, una combinación verdaderamente desastrosa.

Octavo: Jamás contestar airadamente una comunicación escrita poco amable. Ceñirnos a los hechos y simplemente expresar nuestro criterio con un lenguaje profesional, y desprovisto de toda emoción. Si como ya mencioné las peleas telefónicas son irracionales, las peleas a través de comunicaciones escritas son pueriles; generalmente resultan ridículas para cualquiera que las conozca y no esté involucrado en ellas y devalúa la percepción que los demás tienen de nosotros, aun cuando no nos lo digan. En ambos casos, las aclaraciones y el intercambio sobre los temas que nos molestan deben dejarse para la ocasión en que tengamos la oportunidad de encontrarnos personalmente con la persona que ha provocado nuestro disgusto, y cuando actuamos así, generalmente terminamos por comprender que no vale la pena revivir el conflicto, porque para entonces ya los problemas estarán resueltos y nuestras emociones se habrán calmado.

Y lo más importante, recordar que sean electrónicas, en papel o verbales, las comunicaciones tienen que ser siempre un puente para facilitar el camino hacia el logro de nuestros objetivos, y nunca debemos comportarnos de manera tal que terminemos convirtiéndolas en una barrera que lo obstaculice.

Notas
1) Ver: Alfred Steinherr: *Derivatives, the wild beast of finance*, John Wiley and Sons, 1998, p 12.

20. El éxito y el fracaso: dos grandes impostores

He dejado para este último capítulo, algunas breves consideraciones sobre el éxito y el fracaso, y cómo debemos enfrentarlos, por tratarse de dos situaciones omnipresentes en nuestras actividades de dirección. Al referirme al tema, lo primero que quisiera exponer es mi criterio de que *nunca el éxito es "tan éxito" ni el fracaso es "tan fracaso" como los seres humanos usualmente nos creemos.* La conclusión a que he llegado desde hace mucho tiempo a partir de numerosos casos que he presenciado y también de experiencias personales, es que todo éxito mal manejado puede ser el comienzo de un fracaso posterior y todo fracaso bien manejado puede ser el comienzo de un éxito posterior.

En célebres versos, el poeta británico Rudyard Kipling menciona entre las cualidades que debe tener su hijo para poder llamarse "hombre" que sepa encarar el éxito y el fracaso, y tratar igual a estos *"dos impostores"* Y es que verdaderamente dos de las situaciones más engañosas y que menos preparado está un ser humano para enfrentar, son precisamente el éxito o el fracaso.

Existen muchas formas de medir el éxito o el fracaso, e incluso podría afirmarse que posiblemente cada ser humano tiene sus propios parámetros para determinar cuándo se siente exitoso o fracasado. Sin embargo, hay consideraciones socialmente aceptadas. En la actividad de dirección el éxito como concepto general está asociado a tener una posición en la cual uno se sienta realizado profesionalmente, integrado al medio en que se desenvuelve, reciba ingresos que le permitan cubrir al menos sus necesidades básicas con cierta holgura, y sea promovido dentro de lapsos que se entiendan razonables en el ambiente en que se desenvuelve. El éxito como concepto más transitorio se vincula a la acción de alcanzar un importante logro en la ejecución de algún proyecto individual sobre todo si este es de gran relevancia. En consecuencia, al jefe que se encuentra en medio de esta situación se le considera "exitoso" y al que no, se tiende a calificarlo como "fracasado." Sin embargo, tal valoración es a todas luces esquemática, incompleta, tiene muy poca significación práctica y su única consecuencia es que sirve para embriagar tanto al jefe exitoso como al fracasado, con la única diferencia de que los síntomas que se producen de este estado de ebriedad son distintos, al exitoso tiende a excitarlo y al fracasado a deprimirlo.

Por ejemplo, en mi vida ha sido aleccionadora la experiencia de armadores griegos que han tenido un gran éxito comprando buques en momentos de baja del mercado y vendiéndolos cuando este sube obteniendo así grandes ganancias, y ebrios de su éxito han actuado como si nunca pudieran equivocarse, han hecho operaciones de compra venta de buques a gran escala en el momento equivocado, y esto los ha llevado a la quiebra. He visto también industriales con grandes logros y con ideas novedosas y brillantes, que se han endeudado para financiar gigantescos planes de expansión, y posteriormente no han tenido mercado para su nueva escala de producción con resultados funestos. Esto no es nada nuevo, hace alrededor de siglo y medio, Marx se refería a los capitalistas que con frecuencia quiebran por tratar de desarrollar empresas basadas en nuevos inventos (1).

En sentido contrario, he visto también a jefes que han tenido que remontar un camino difícil empedrado de frecuentes fracasos, tratando de alcanzar objetivos complejos y finalmente han llegado a obtener grandes resultados en un proyecto en específico o en su situación en la cadena de mandos de su organización.

Estoy persuadido de que la mejor manera de afrontar tanto el éxito como el fracaso es aprender que son conceptos muy relativos y traidores en nuestras vidas, que pueden trocarse uno en otro con relativa facilidad y prontitud; y hacer un gran esfuerzo para controlar con sensatez nuestros sentimientos de excesiva euforia, en el caso del éxito, y de excesiva frustración, en el caso del fracaso.

Ante un éxito notable lo primero es actuar con serenidad. Darle una importancia relativa y comprender que este es solo un eslabón de la cadena de eventos en nuestra carrera y en nuestra vida. Tener presente que "*la confianza en uno mismo* (N.A. que usualmente genera el éxito) *y la independencia se pueden transformar en egoísmo y libertinaje, la ambición se puede convertir en avaricia y en un deseo frenético de triunfar a toda costa*" (2) lo cual nos abre el camino a actuaciones ulteriores que pueden resultar muy nocivas.

Siempre debemos recordar que para lograr nuestros éxitos hemos tenido la ayuda de nuestra familia y colaboradores, y aumentar nuestro respeto y aprecio por ellos. Hay que tener presente que debajo de muchas historias de éxito, subyace una historia de egoísmo, y hay que tratar por todos los medios que la nuestra no sea una de ellas. Es conveniente usar la ocasión para hacer reconocimientos que en la actividad cotidiana muchas veces se omiten. Es el momento adecuado para decir frases muy sencillas y cortas pero que logran calar muy hondo, tales como *"tu ayuda fue determinante, sin ti esto no hubiera sido posible, siempre has estado ahí cuando más lo he necesitado, esto se debe en gran medida a tu esfuerzo,"* y otras similares.

En medio del júbilo que nos produce el éxito debemos cuidarnos de los oportunistas que siempre aparecen en estas circunstancias atraídos por la seductora apariencia del triunfo, y que son especialistas en tratar de procurarse algún beneficio personal de los logros ajenos, usualmente por la vía de la adulación.

Igualmente, no debemos malgastar nuestro tiempo en algo tan insulso como regodearnos de nuestras capacidades y habilidades. No hay nada peor y más costoso que exacerbar *"la petulante confianza"* que según Adam Smith, la mayor parte de los hombres tienen en sus propios talentos (3). Muy por el contrario, debemos concentrarnos de inmediato en profundizar en nuestros puntos débiles, elevar la mirada hacia nuestros próximos objetivos, y ponernos a trabajar muy duro para llegar a alcanzarlos.

Frente a un fracaso, lo primero que debemos tener en mente es que este no es nunca *"el fin del mundo"*. Recordar que todos los malos momentos de nuestra vida son siempre transitorios. Al decir de un célebre filósofo y escritor libanés: *"El destino te sorprende de improviso, te mira con ojos que espantan, te atrapa por la garganta, te arroja al suelo, te pisotea, y luego se aleja riéndose, mas pronto vuelve, busca tu perdón, te levanta con dedos de seda y te canta una canción de esperanza. Las sombras de la noche traen aflicciones que con la llegada de la aurora se esfuman en la nada, y luego, sientes alivio y te prendes a tus esperanzas"* (4). A partir de este razonamiento primordial, tener presente que siempre hay cosas que podemos hacer para mejorar el escenario que se configura como resultado de un fracaso, y cosas que a veces hacemos que lo empeoran.

Entre la actitud que debemos asumir para mejorar la situación creada por el fracaso, está en primer lugar entenderlo como un eslabón en nuestra carrera, que nunca representa "el fin de la historia", darle la bienvenida a lo beneficiosa que es la auto-depuración que se produce en nuestro entorno social, pues veremos que los oportunistas que estaban a nuestro lado y que en ocasiones no tuvimos la visión para identificar, nos abandonan, librándonos de una "impedimenta" que puede resultar muy dañina y facilitando así nuestros esfuerzos futuros. Pero sobre todas las cosas, debemos tener la entereza moral de evaluar con un espíritu sinceramente auto-critico las razones de nuestro revés, a fin de determinar los cambios que tendremos que realizar en nuestro comportamiento, estilo de trabajo y concepciones, para ponernos inmediatamente en función de nuestros objetivos futuros.

Hay dos actitudes que nunca debemos asumir. La primera es lamentarnos y la segunda tratar de culpar a los demás por el fracaso. Lamentarse cuando se afronta un revés, es posiblemente una de las peores cosas que ha *inventado* el ser humano. Es sin dudas una de las acciones más estériles que podrían concebirse. No resuelve absolutamente nada, alimenta un sentimiento de frustración que puede incluso conducir a la depresión, trasmite la imagen de que tenemos poca fortaleza de carácter, siembra el pesimismo entre nuestros subordinados y colegas, y lleva implícito un mensaje muy negativo en cuanto a nuestra capacidad de resolver los problemas que causaron el fracaso.

La práctica de culpar a otros por el fracaso, es aún peor, pues tampoco resuelve nada pero hiere y a veces ofende a nuestros subordinados y colegas; casi siempre la interpretan como una muestra de debilidad y hasta de cobardía, les hace perder de manera irreversible su confianza en nosotros como líderes, y funciona muy parecido a una adicción: nos hace sentir mejor por muy corto tiempo, después empeora la situación, y sabemos que hace daño, pero somos incapaces de dejar de hacerlo (5).

Un rasgo distintivo de la cultura japonesa que pienso lo aplican no solamente en la actividad de dirección sino a todo en la vida y los ha ayudado extraordinariamente a lograr el desarrollo económico de que hoy disfrutan, es que han desterrado totalmente de su mente la idea de culpar a otro cuando confrontan un problema. Su conclusión característica ante el sentimiento de frustración que se produce cuando no se logra un objetivo no puede ser más sabia: *no me esforcé lo suficiente. Debo esforzarme más.* Recuerdo un ejemplo personal que indica hasta qué punto aplican este principio. En una cena de negocios con un empresario japonés que hablaba inglés, nuestra conversación se conducía en ese idioma. Sucedió que había otra persona que hablaba español e incurrí en la terrible descortesía de comenzar a hablar en español con esa persona durante la cena. Pronto me di cuenta de mi error e inmediatamente le dije: *Discúlpeme por esta falta de delicadeza de hablar en español, lo cual no le ha permitido participar en toda la conversación.* La respuesta no se hizo esperar. *–No, la culpa es mía pues después de varios años tratando con Cuba, no he sido capaz de esforzarme lo suficiente para aprender el español.* Esta respuesta en boca de una persona de otra nacionalidad, probablemente hubiera sido una manera de resaltar aún más mi culpa. En el caso de un japonés, no tengo dudas que era totalmente sincera y sin segundas intenciones.

En cuanto al proceso autocrítico que debemos acometer después de un fracaso, más allá de consideraciones de carácter ideológico, todos los jefes deberían leer el análisis que hace el Che Guevara en su libro sobre su participación en la lucha por la liberación del Congo, la cual califica como *"la historia de un fracaso."* Expone el Che al final del libro: *"Me toca hacer el análisis más difícil, el de mi actuación personal"* y a partir de ahí profundiza sin ninguna justificación en lo que él considera fueron sus propios errores. Se hace duras y valientes auto críticas tanto en temas de gran trascendencia, como en otros muy puntuales, que incluyen haber mantenido una actitud complaciente en ocasiones y en otras, haber tenido explosiones hirientes, no haber aprendido los dialectos locales, etc. Y asegura con una sinceridad y una fortaleza espiritual dignas de respeto y admiración tanto por sus seguidores como por sus detractores *"He aprendido en el Congo. Hay errores que no cometeré más, otros tal vez se repitan y cometa algunos nuevos, he salido con más fe que nunca en la lucha guerrillera, pero hemos fracasado. Mi responsabilidad es grande; no olvidaré la derrota ni sus preciosas enseñanzas"* (6). Por supuesto estamos hablando de un hombre excepcional y sabemos que su condición de tal, lo llevaban a actuar de una manera que se hace muy difícil para muchos seres humanos, pero su entereza al aceptar el fracaso y su decisión de aprender de él, son lecciones que están ahí y nos pueden servir de mucho en nuestra conducta diaria.

Por último, siempre debemos recordar el método de nuestro Apóstol José Martí ante una pena o un fracaso *"Me consuelo con mi curapenas de siempre, que es el único que cura las penas reales y las imaginarias y lo deja a uno respetable ante los demás, y ante si propio: el trabajo"* (7).

Notas

1) *Marx resaltaba los gastos muchos mayores que supone explotar una empresa basada en nuevos inventos, comparados con lo que cuestan las empresas posteriores que surgen sobre las ruinas ex ossibus. Mencionaba que la diferencia es tan grande que los primeros industriales dan con frecuencia en quiebra, mientras que los que les suceden, haciéndose cargo a precios muchos más baratos de los edificios, la maquinaria, etc. de los anteriores, llegan a realizar prósperos negocios.* Carlos Marx, *El Capital*, Tomo 3, Ediciones Venceremos, La Habana, 1965 p 127.

2) Ver: Barack Obama: *La audacia de la esperanza*, Ediciones Península, Barcelona, 2006 p 60.

3) *"La petulante confianza que la mayor parte de los hombres tiene en sus propios talentos es un mal tan antiguo que han comentado los filósofos y moralistas de todas las épocas."* Adam Smith: *Investigación de la naturaleza y causa de la riqueza de las naciones*, Aguilar, Madrid, 1956, p 94.

4) Khalil Gibran: *Obras selectas*, Editorial Patria, Uruguay, 1977 p 238.

5) Señalar la esterilidad de cargar nuestras culpas sobre otros o sobre circunstancias fuera de nuestro control, no quiere decir que se ignore que esta es una práctica impulsada por el instinto de supervivencia que aunque nociva, resulta de uso muy extendido incluso en ilustres organizaciones. Milton Friedman señala que *"En un aspecto el sistema (de la Reserva Federal de los Estados Unidos) ha sido completamente coherente a lo largo de su existencia. Acusa de todos los problemas a influencias externas que no puede controlar y se hace responsable de todos y cada uno de los acontecimientos."* Ver: Milton Friedman y Rose Friedman: *Libertad de elegir*, Grijalbo, Barcelona, 1987, p 131).

6) Ernesto Che Guevara: *Pasajes de la Guerra Revolucionaria*: Congo, páginas 35, 331 y 333.

7) Tomado de: Francisco Soberón: *Martí, el poder de servir*, Editora política, Habana, p 48

www.ingramcontent.com/pod-product-compliance
Lightning Source LLC
Chambersburg PA
CBHW052259220526
45471CB00001B/415